La Religion

宗教

Œuvres Choisies
de la Pensée et de la Culture
Françaises Contemporaines

当代法国思想文化译丛

杜小真　高丙中 主编

Sous la direction de
Jacques Derrida et Gianni Vattimo

La Religion

当代法国思想文化译丛

宗教

［法］德里达 ［意］瓦蒂莫 主编

杜小真 译

商务印书馆
The Commercial Press

2019年·北京

LA RELIGION

Séminaire de Capri sous la direction de
Jacques Derrida et Gianni Vattimo

Avec la participation de Maurizio Ferraris,
Hans-Georg Gadamer, Aldo Gargani,
Eugenio Trías et Vincenzo Vitiello

© Éditions du Seuil，1996
本书根据法国色伊出版社1996年版译出

当代法国思想文化译丛
出 版 说 明

法国思想文化对世界影响极大。笛卡尔的理性主义、孟德斯鸠法的思想、卢梭的政治理论是建构西方现代思想、政治文化的重要支柱；福科、德里达、德勒兹等人的学说为后现代思想、政治文化奠定了基础。其变古之道，使人心、社会划然一新。我馆引进西学，开启民智，向来重视移译法国思想文化著作。1906年出版严复译孟德斯鸠《法意》开风气之先，1918年编印《尚志学会丛书》多有辑录。其后新作迭出，百年所译，蔚为大观，对中国思想文化的建设裨益良多。我馆过去所译法国著作以古典为重，多以单行本印行。为便于学术界全面了解法国思想文化，现编纂这套《当代法国思想文化译丛》，系统移译当代法国思想家的主要著作。立场观点，不囿于一派，但凡有助于思想文化建设的著作，无论是现代性的，还是后现代性的，都予列选；学科领域，不限一门，诸如哲学、政治学、史学、宗教学、社会学、人类学，兼收并蓄。希望学术界鼎力襄助，以使本套丛书日臻完善。

商务印书馆编辑部
2000年12月

目 录

背景 ……………………………… 基阿尼·瓦蒂莫 （ 1 ）
信仰和知识
　　——纯然理性限度内的宗教的两个来源…… 雅克·德里达 （ 3 ）
踪迹的踪迹 ……………………… 基阿尼·瓦蒂莫 （ 89 ）
思考宗教
　　——象征与神圣 ………………… 欧仁·特雷阿 （106）
作为事件和解释的宗教经验 ……………… A. 加尔卡尼 （124）
荒漠，道德，遗弃
　　——论宗教人的拓扑学 ………… V. 维梯罗 （151）
作为特定的存在踪迹的存在意义 ………… M. 费拉里斯 （196）
卡普里的对话 ……………………………… 伽达默尔 （231）

背　景

基阿尼·瓦蒂莫

应该简要说几句本书的背景，不是关于宗教，而是关于这本书最初意向的由来。1992年，基乌塞佩·拉泰尔扎（Giuseppe Laterza）计划把我们的《意大利哲学年鉴》扩展成为欧洲的年鉴，他想把这个任务交给德里达和我。要做的只是选择主题。我想到了宗教，并且把我的想法和毛里齐奥·费拉里斯（Maurixio Ferraris）谈过。不久以后，即同年的11月，在和色伊出版社的梯也里·马尔谢斯（Thierry Marchaisse）商谈之前，毛里齐奥·费拉里斯和基乌塞佩·拉泰尔扎向德里达提出了这个计划，同时请他选择一个论题。这时，答案同样是：宗教。

这种被称之为"时代精神"的巧合，出现在预定和谐与纯粹偶然之间，对我们来说，这似乎是承认此论证题目之中心特点的一个充足理由。黑格尔曾经说过，对他的时代的基本经验可以在"上帝死了"的宣判中得到表达。黑格尔以来，时代无疑发生了变化。但是"我们的"时代（就像黑格尔的随耶稣诞生而开始的时代）真的就那么不同吗？而这种被错误地说成"宗教复兴"（更多地在议会、恐怖主义和媒体中，而非越来越少人光临的教会中）的现象，它真的和"上帝之死"是两回事吗？这就是我们面临的问题，无疑也是今天所有人面临的问题，也是我们向被邀和我们合作的朋友和同事提出的问题。

既然时代精神不是"圣灵"，那在我们看来，似乎写信要求同行们写"有关宗教"的论文，成为比任何时候都更有争议的事。为此，在意大利哲学研究院的慷慨帮助下，我们在卡普里组织了一个讨论会。我们在此要感谢热拉多·马罗塔（Gerardo Marotta）主席、安东尼奥·加尔加诺（Antonio Gargano）秘书。这次聚会在1994年2月28日至3月1日举行，有关论文，特别是德里达的论文都是这次讨论会后整理而成的。

最后，我们要感谢所有应邀来卡普里的朋友，他们在规定的期限内交给我们思考的成果。特别要感谢伽达默尔，他像巴门尼德和柏拉图一样，从不畏惧面对必须再一次越过的逻辑海洋。

马利耶纳·莱约拉译自意大利文

信仰和知识

——纯然理性限度内的宗教的两个来源

雅克·德里达

斜体字①

1. 如何"说宗教"？如何谈论宗教？特别是谈论今天的宗教？如何能够在今天敢于毫无顾忌、毫不胆怯地谈论"单数的"宗教，并且如此简单又如此快速？谁能那么唐突地声称：在此涉及的既是可确认的又是新的主题？谁能奢望为之补充某些警句？为了显示勇气，显示必要的傲慢或公正，可能需要假装制造一个抽象化时刻，抽象化一切或几乎一切，某种抽象化。可能应该把宝押在最具体和最可理解的东西上，但同样也要押在最少抽象化的东西上面。

人应该通过抽象化自救，还是由于抽象化而被救？拯救何在？〔黑格尔在1807年写道："Wer denkt abstrakt?"（谁抽象地思考？）："Denken? Abstrakt?（思考？抽象？）——Sauve qui peut！"（逃命吧！）他开始并且用法文表达这个叛徒的呼喊"Rette sich, wer kann！"（逃命吧！）后者要像逃避"瘟疫"那样凭借唯一的运动

---

① "斜体字"的部分（第1节至第26节）在原书中是以斜体字排印的，与"后记"的部分构成区别，但为方便读者阅读，中译本并不作同样安排，仍以标准字体排印，请读者留意。——编注

逃避思想、抽象化和形而上学。〕

2. 拯救,被救,自救。第一个问题的借口:人们能否把有关宗教的话语和有关拯救的话语,也就是关于健康、圣徒、神圣、安全、不受损害、免疫的话语区分(在很多语言中都有它们的对应词,如sacer, sanctus, heilig, holy 等)开来? 而拯救是否必然是在恶、过错或原罪之前或之后的拯救呢? 现在:恶——今天明显的恶——在哪里?假定有一种新的典型恶形态,甚至显得是标志着我们时代而不是任何其他时代的根本恶。这是否就是认同人们将它引入可能成为我们时代的拯救的形态和诺言的东西之中的恶,因此也就是人们现在在各种各样的报纸中都说到它的回归的宗教事物的特殊性?

最终,我们要把宗教问题和抽象化的恶的问题联系起来。也就是与极端的抽象化联系起来。不是与死亡、恶或致命疾病的抽象形态,而是与人们传统上把其和彻底超脱,也就是与抽象化的拔根相联系的恶的各种形式联系起来,在此过程中,这凭借——然而,这是要更迟一些——抽象化的发生形式,比如机器、技术、技术科学,特别是通讯技术的超越性而实现。"宗教和机械"、"宗教和网络"、"宗教和数码"、"宗教和数字化"、"宗教和虚拟时空":为了在我们特定的经济中评估有关这些论题的讨论,设想一种话语的小机器,设想一种对于成为完善和可完善的,并非么无能为力的机器。

今天,为了抽象地思考宗教,我们从这些抽象化的力量出发,以便最终有可能得到如下假设:就所有这些抽象和分离的力量而言（拔根、迁移、非物质化、形式化、普遍图型化、客观化、通讯，等等），"宗教"同时存在于反作用对立和重申的竞相许诺之中。在那里，知识和信仰，技术科学（"资本的"和信用的）和信仰、信任、可靠性、信仰活动将永远在同样的地方拥有这样的部分：这个部分与它们的对立连接点相连。疑难问题——缺少方法、途径、出路和解救——和两种根源的问题由此产生。

3. 为了进行抽象化，并解决没有出路的难题，可能应该首先隐退到荒漠，甚至退到孤岛，讲述并非神话的简单故事。类型："从前"，有一次，那一天，在一个岛上或在荒漠中，为了"说宗教"，设想一下：有几个人，几个哲学家、教授、解释学家、隐士或隐居者模仿小修道院的生活，秘密而又平等，友好而又博爱地共度时光。可能，还必须把这个话题置于并限定在时空中，就是说地点和背景，已过去的时刻，一天；应该抓住转瞬即逝的时光，就像对待将要撕毁其中某几页的日记那样把过去时日个别化。类型规律：同日大事记（读者已经能滔滔不绝地谈论一个日子）。时间：1994年2月28日。地点：卡普里岛。在一个旅馆里，我们朋友般地围坐在一张桌子旁交谈，没有先后次序，没有时间限制，也没有指令约束，除了那个最清楚也最模糊的词：宗教。我们相信能够表现得相信那样，如信用行为相信我们都同意某种前理解。我们做的事情就好像我们通过我们相信的（对这一天的相信，已经！）各种语言，也就是我们懂的语言，对所谓"宗教"取得共识。我们相信这个词的最低可靠性。就像海德格尔所谓的"存在"词法的事实性（《存在与时间》的题记部分），我们认为（或者相信应该）事先理解这个词的意义,是为了能够提问并且让我们对这个主题提出问题。不过,我们在后面还要回到这个问题上来,没有任何东西比这样一种"事实"更加没有事先的可靠性(恰恰在这两种情况下!),而宗教的全部问题可能都回归到这很没有保证的问题上了。

4. 在上述圆桌旁进行最初交流时,吉阿尼·瓦蒂莫建议我即席提出一些看法。但愿读者在此能够允许我以斜体字,在一种概括和简略的前言中重提这些观点。其他一些意见无疑在我事后写的另一篇不同性质的文章中得到阐述,而这篇文章严格局限在时空范围内。可能是完全不同的另外一个故事,然而又是或近或远的从一开始就被大胆提出的言语的故事,那一天,记忆将继续指引我之所写。

在思考之日,我首先建议尽可能以赞同和肯定的态度营造一种真实和独一的环境,也就是我们那时所处的环境:行为,共同的任务,一个日子,一个地点。我们实际上已经同意回应一个双重的建议,即哲学的和出版的建议,这种建议自己立刻开启双重的问题:语言的和民族的问题。不过,如果在今天,存在另外"一种宗教的问题",一种现时和新的给予,存在没有年代、没有世界或宇宙之事物的前所未有的再现,那当然涉及到语言——更确切地说,是方言、文学性、文字,它们形成了所有启示和所有信仰的成分,就是最终不可还原和不可翻译的成分——,但也涉及不可分离的方言,首先与社会、政治、家庭、共同体、民族和人民的关系不可分离的方言:本地、大地和鲜血,对于公民和国家越来越成问题的关系。语言和民族在这时构成所有宗教激情的历史形体。因为这次哲学家的聚首,国际出版都要求我们首先是"西方的",然后使用,也就是限于某些欧洲语言,即"我们"在卡普里,在这个意大利岛上说的语言:德语、西班牙语、法语、意大利语。

5. 我们离罗马不远,但我们不复在罗马。我们在卡普里逗留两天,与外界隔绝,沉浸在罗马人和古意大利人的差异之中,这象征着能够趋向——有距离的——普遍意义上的罗马人观点。思考"宗教",就是思考"罗马人"。这既不在罗马,也不会在罗马之外太远的地方进行。把某种事物的历史作为"宗教"来回忆是偶然或必然:以宗教名义发生和讲述的一切应该保留对这种命名的批判性记忆。这个名称是欧洲的,它最早是拉丁文。于是,这就成为一种给定物,它的形态至少作为限制始终同时是偶然和意指的。它要求得到关注、思考,被主题化,被注明日期。我们谈论"欧洲"时,很难不想到:雅典—耶路撒冷—罗马—拜占庭,宗教战争,因耶路撒冷和摩利亚山(Moriah)引发的战争,亚伯拉罕(Abraham)或易卜拉欣(Ibrahim)面对上帝要求的极端"牺牲"——一定要牺牲自己钟爱的儿子——而回答"我在这儿",实施上帝要求的死亡或要唯一后代死亡,在耶稣受难前夕悬置的重复。咋天(是的,咋天,的确就在几天之前),曾经有过在希布伦列祖之墓,即在有所谓亚伯拉罕宗教之显著象征意义及是其所共有的地方发生的大屠杀。我们使用并说四种不同语言,但是我们的共同"文化"更加明显地是基督教的,勉强可说是犹太-基督的文化。在我们之中没有穆斯林,很遗憾,至少在这最初的讨论中,在我们可能应该开始改变视角转向伊斯兰教的时刻。也没有任何其它信仰的代表。没有一个女性！我们应该考虑:代替这些沉默的见证人说话,而又不为他们说话,并且从中得出各种各样的结果。

6. 为什么如此难以思考这种被匆忙命名为"宗教回归"的现象？为什么它会让我们震惊？为什么它特别让那些天真地相信存在着一方面是宗教,一方面是理性、启蒙、科学、批判(马克思的批判、尼采的谱系学、弗洛伊德的精神分析以及他们的遗产)的非此即彼的对立,相信一方和另一方水火不容的人们震惊？相反应该从另外的图式出发去尝试思考上述"宗教回归"。宗教回归是否就是回归到一般的看法含混地确定为"基要主义"、"原教旨主义"、"狂热"的上面？这大概就是在历史紧急情况下我们事先提出的问题之一。各种亚伯拉罕宗教、各种"基要主义"或"原教旨主义"普遍发展起来,是因为在今天,这些倾向在所有的宗教中活动,恰恰具有某种伊斯兰教因素吗？但是,我们过快地使用了这个名称。在"伊斯兰的"指称下过快聚集起来的一切,今天似乎掌握了某种世界的或地缘政治的特权,这是由于其肉体暴力的本性吗？由于其公开地违反民主模式和国际法("拉什迪"事件和大量其它事件,还有"文学权利"的)吗？由于其"以宗教名义"犯下的各种形式既古老又现代的罪恶吗？由于它的各种人口维度,由于它的男性中心和神学-政治的维度吗？为什么？应该明白:伊斯兰教不是伊斯兰运动,永远不要忘记这点。但是后者以前者的名义活动,这是这个名词的严重问题。

7. 永远不要在以宗教,在此以伊斯兰教的名义即将发生、进行和讲述的事情中,把名词的力量视作一种事故。其次,神学-政治就像人们在这些问题上所涉及的所有概念那样,应该直接或间接地从民主和世俗化的概念开始,甚至文学权利的概念出发——不仅仅是从欧洲的,而且是希腊-基督教、希腊-罗马的概念。我们在此受到有关名词的所有问题以及"以……之名"所进行的一切的困扰:"宗教"之名的问题、诸神之名的问题、归属或不归属语言系统的专名的问题,以及其不可翻译性的问题,还有它的重复性(事实上是在有保留的称呼中使之变成重复性、观念化,因此已经属于技术、技术科学、通讯技术科学的地点)的问题,与祈祷中的称呼的行为性的关联(在祈祷中,正如亚里士多德所说,称呼非真非假)的问题,与任何行为中——就像在任何致辞和证明中一样——求救于他人信仰并且在起誓信仰中拓展的一切的关系的问题。

8. 光发生了,还有白天。我们永远不会把太阳之光和地形学之标志的巧合分割开来:在显现的地理中的宗教现象学、作为现象学的宗教、东方、利凡得(Levant)①和地中海国家的神秘。光(phos),在太初统治和开始有言,并且一般来说在给出奥义(phos, phainesthai, phantasma,幻觉,幽灵等等)的地方发生,无论是在哲学话语还是在启示(Offenbarung)话语——或启示性(Offenbardcit),即更原始的显示的可能性——中都是这样。更原始就是更接近始源,更接近那唯一的和同一的始源。光到处都支配着昨天人们还天真地相信屈从甚至对立于宗教的东西,而今天却应该

---

① 地中海东岸国家,也指法国以东的国家。——译注

重新思考光的未来（Aufklarungm，Lumières；Enlightenment，Illuminismo）。不要忘记：正如本弗尼斯特（Benveniste）指出的那样，"在指示宗教本身、礼拜、神甫，甚至任何人格神时"，都不曾使用任何共同术语。印欧语言已经在"神"（Deiwos）这概念之上集结起来，其原义为"光的"和"天的"。①

9. 在这同一种光之中，在这同一片天之下，让我们在这一天命名三个地点：岛，应许之地，荒漠。这是三个会产生疑难的地方：无论是出口或可靠通路，或是道路和终点、外部，都没有地图可预示，也没有日程可计算。这三个地方此时、此地展现了我们的前景。（但是，关键是要思考或说出——而这在指定的限度之内将是很难的——某种前景的阙失。荒谬的是，前景的阙失制约着未来本身。事件的发生应该突破任何预期的前景。由此而来的是对这些地点中的一个两难问题的领会，比如，荒漠中的荒漠，在那里人们既不能也不应该看到应该或能够——可能——发生的事情。这就是仍然任其发生的事情。）

10. 如果，几乎所有从根上讲属地中海的人，以及我们每一个通过某种磁力吸引而成为地中海的人，尽管彼此间存在那么多的差异，都被某种现象学（还有光）左右方向，那是否是一种偶然呢？

---

① 本弗尼斯特：《印欧语言与社会》，子夜出版社，巴黎，1969 年，第 2 卷，第 180 页。我们下面会经常引用本弗尼斯特，以使之也承担一种责任，那就是比如确保"原义"地说话的责任，确切地说是在太阳或光的情况中，不过也在其它所有东西的情况中。这种保证广泛表现出的过分，多于它引起的问题。

今天我们聚集在这个岛上,或多或少秘密地自我选择和自我接受,那我们所有人,如果在某一天,同时被某种异议(对胡塞尔现象学的某种异议)和某种解释学(其起源应回溯到宗教文本的解经学)所吸引,那是否也是一种偶然呢?从此任务更加急迫:不忘记这件事本身,不忘记这个契约所涉及的、这个"共在"应该排除的那些男人和女人。应该,本来就应该让他们一开始就发言。

11. 让我们也注意一下我临时——正确或错误地——视作一种明证性的东西:无论我们和宗教的关系如何,无论其后和这种或那种宗教的关系如何,我们都不是行使圣职的神甫,不是神学家,不是宗教称职和负责的代表,但是,人们认为某些所谓的启蒙哲学家能够成为上述那些人,从这个意义上讲,我们也不是真正的宗教的敌人。但是我似乎觉得,我们在别的事情上有一种共识,就是说——我很谨慎地指出这点——无条件的喜爱,如果不是无限制地偏向,在政治上作为普遍化模式而被命名的共和民主,这就把哲学和公众事物、广告,还有白天的光、启蒙,还有公众空间的启照道德联系起来,在这个过程中把哲学从任何外部权力(非世俗又非宗教的)中解放出来,比如:教义学、正统教义或教会权力(即某种意见或信仰的制度,这并不是指所有的信仰)。我们无疑都力图用至少是类似的方法(我下面还要回到这个问题上来),并且至少在此共同交谈期间,改变审慎和中止的立场,某种"悬搁"在于——或错或对,因为赌注很重——思考宗教或使之"在纯然理性的限度内"显现出来。

12. 相关的问题：今天，这种"康德式"的举动是什么呢？今天，一本名之为《纯然理性限度内的宗教》的书——像康德著作那样——会与什么相似呢？这种"悬搁"还为一个政治事件提供机遇，我曾在别处试图说明了这种"悬搁"。① 它甚至属于民主的历史，尤其是当神学话语应该采取否定神学（via negativa）的时候，甚至在那里，似乎已经规定了隐居的团体、初始的教育、等级、荒漠或隐秘之岛。②

13. 在将成为岛屿之前，就已有应许之地，而卡普里永远成不了拔摩（Patmos），如何即席并当场自由地谈论这些？如何能够面对这个幽深莫测的主题而不畏惧、不颤栗？应许之地，难道不也是应许的地点和历史性之间的根本联系？通过历史性，我们今天能够知道不止一件事情。首先是一种宗教观念的鲜明特性、宗教历史的历史，以及在宗教语言和宗教名词中交织的各种谱系学的历史。应该辨明这点：信仰过去并不总是，将来也不会总是可以与宗教同一的，也不与神学——这是另外的事情——同一。任何神圣性（sacralité）和圣洁性（sainteté）在"宗教"这个术语的严格意义上讲——如果存在这样一种意义的话——并不必然是宗教的。我们应该同时通过"宗教"这个词的罗马西方性和它与各种希伯来启示的紧张关系，回到这个名词的生成和语义上来。那些启示不仅仅是一些事件。这样的事件，只能够被看作担保历史的历史性以及

---

① 参见《除非名称》，伽利略出版社，巴黎，1993年，尤其103页以下。
② 在此我应提到《如何不说？》，见"Psyché"，伽利略出版社，巴黎，1978年，535页以下，在其中我更加明确地在类似的语境中说明了这些等级和"地缘政治"的主题。

如此事件的事件性的意义。不同于"信仰"、"神圣"、"不受损害"和"安全"、"牺牲"、"神性"等其它经验，不同于人们企图通过可疑的类比而名之为"宗教"的其它结构，《圣经》和《古兰经》的启示与启示本身的历史性不可分割。救世主降临或末世论的前景当然限制着这种历史性，但仅仅为的是首先把它打开。

14. 这就是另外一种历史维度之所在，一种与我们当下提到的历史性不同的历史性，除非它把前者嵌在自身之中。如何关注这种历史性的历史，以便在今天、在纯然理性的限度内分析宗教？为了揭示这种理性，如何在其限度内标明一种政治和科技的理性历史，但也是根本恶及其形态的历史？这些恶的形态从来就不仅仅一些形态，它们就是全部恶，它们总是制造新的恶。我们现在知道康德所说的"人性的根本败坏"(I, 3)不是统一的，也不是只此一次地发生——就像它只能开启自身的形象和转变（tropes）。可能，我们能够自问，这是否与康德的意图相合，因为康德提出《圣经》"表象"着根本恶的历史的和现时的特性，即使在那里"表象"（Vorstellungsart）只是《圣经》出于人的"弱点"而使用的(I, 4)。我们也可自问，前面所说是否与康德的意图相合，即便康德为了分析一种不能设想存在于理性中的恶的理性根源而斗争，并同时肯定：《圣经》的解释超出了理性的职权范围，而在所有曾经存在过的"公共宗教"中，唯有基督教才是一种"道德"宗教（总附释第一附释结尾）。这是奇特的命题，但应该严肃地对待这个命题的每一个前提。

15. 的确,在康德看来——他曾明确地表示过——存在两种宗教类别,概言之,就是存在两种宗教来源或始源——也就是两种谱系,人们还应该问一下为什么二者共享同一专有或通名:单纯崇拜的宗教(des blossen Cultus)寻求的是"神的恩惠",但归根结底,这种宗教本质上不起作用,它只传授祈祷和欲求。人不会在这种宗教中变得更好,即便是通过对原罪的赦免。道德宗教(moralische),它与生活善举相关(die Religion des guten Lebenswandels),它要求善举,并从属于善的举止,且把知识与善举分离开来。它嘱咐人们变得更好,为这个目标进行活动,在此,"下面的原则担保了道德宗教的价值:'对任何人来说,知道上帝为解救之所为或曾经所为,并不重要,也不因此是必然的',重要的是要知道他为了使自己与这个救助配当而应该做什么。"康德于是规定了一种"反思的信仰"(reflektierende),这个概念能够打开我们的讨论空间。因为反思的信仰从根本上讲不取决于任何历史的启示,并且与纯粹实践理性配当。反思的信仰有利于超越知识的善良意志。它因此反对"教条性信仰"。如果说它与这种"教条性信仰"决裂,那是因为教条性信仰企求知识,而对信仰和知识之间的差异却一无所知。

那么,这样一种对立的原则——这也是我为什么坚持的原因——可能并不仅仅是确定的、分类的或理论性的。这个原则并不仅仅用于在同一个名下排列各不相同的宗教。它可能在今天还能为我们确定一个康德意义上的冲突(如果不是战争的话)之处。再者,这个原则在今天,还是能够帮助我们——尽管是临时地——建构一个问题域。

我们是否准备好在不削弱康德论题的蕴涵和后果的情况下进行衡量？康德的论题显得有力、单纯、令人眩晕：基督教宗教可能是唯一严格意义上的"道德"宗教。这种宗教保留的固有使命，独独是属于它自己的：解放"反思的信仰"。由此引出的必然结果是：纯粹的道德性和基督教在本质和理念上都是不可分开的。如果说不存在不是纯粹道德性的基督教，那是因为基督教启示告诉我们某些对道德性很重要的东西。由此，纯粹道德的而又非基督教的观念是荒谬的，道德观念传达理智和理性在术语中就是矛盾的。绝对命令的无条件的普遍性是新教的。道德法则就像耶稣受难的记忆一样铭刻在我们的心灵深处。它与我们沟通时，说的是基督徒的"方言"——或者沉默。

康德的论题（我们在后面要把它和所谓的世界一体化联系起来），就其核心内容而言，难道不也是尼采的观点吗？尽管尼采对康德进行的"战争"始终不可调和。尼采可能说"犹太-基督教"，从他所重视的对象圣保罗占据的地位清楚地表明：他所对之担负的并且使人们担负的最沉重的职责，是针对基督教，针对基督教中的内在化运动的。犹太人和欧洲犹太教在他看来还构成一种绝望的反抗，至少当这最后的内在反抗针对某种基督教的时候。

这个论题无疑说的是世界历史的某种事情，不多不少。我们还要指出——可能会过于笼统——可能产生的两种结果和众多悖论中的两个悖论：

1) 在定义"反思信仰"以及定义把纯粹道德性观念和基督教启示不可消解地联系起来的东西之时，康德求助于单纯原则的逻辑，即我们刚刚原话援引的原则：为了有道德地行事，就应该像神并不存在或不再操心救助我们那样去做事。如果一个基督徒应该成为道德的,那这就是道德的,因此也是基督教的;在依据善良意志而行动时,不要再转向神,总之,行动时要像神已把我们抛弃了那样。实践理性的"公设"概念允许思考(但同样允许在理论上悬搁)上帝的存在、自由或灵魂不朽、德行和幸福的统一,因而保证了这种彻底的分离,并且完全承担了理性和哲学的责任,即在经验中承担这种抛弃在此世造成的后果。这是否是另一种说"基督教只有在此世、在现象的历史中忍受上帝之死并且超越耶稣受难形象的情况下,才能适应道德义务,而且道德才能适应基督教义务"的方式呢?基督教,就是康德以启蒙现代性宣布和提示的"上帝之死"吗?犹太教和伊斯兰教可能会成为最后两种这样的一神教,它们仍然奋起反对在我们基督化的世界中意味着上帝之死、上帝中之死的一切。这是两种不接受上帝之死,更不接受上帝中的复性(基督受难,三位一体等等)的非异教的一神教,它们对于希腊-基督教、异教-基督教的欧洲核心,对于赋予上帝之死以意义的欧洲相当陌生,那是为了不遗余力地指出"一神教"意味着对"太一"——对活的"太一"的信仰,同样也意味着对一个唯一神的信仰。

2)从这个逻辑及其严格的形式和可能的角度看,海德格尔没有开辟另外一条道路吗?他在《存在与时间》(第二章)中的确坚持良知(Gewissen)、罪责(Schuldigsein)或见证(Bezeugung)的先道德和先宗教的特性(或先伦理的,如果先伦理仍然归结到海德格尔认为偏离、不适当和晚到的意义上的话)。人们因此会回到道德和宗教——这里指基督教——的连接之中。这在原则上允许人们重复尼采的道德谱系,但同时在必要时使之更加基督教化,并且拔出基督教之源在尼采那里留下的东西。对于海德格尔来说，这种战略诡计多端但又是必要的，更何况海德格尔从没有停止指责基督教或者企图从中摆脱出来——以同样的猛烈程度，而对于否认某些本体重复和存在分析的原初基督教的意图（主题），可能已经太迟了。

那我们在此称作"逻辑"、"严格形式"及其"可能"的究竟是什么呢？是法则本身，是一种必然性，它规划一种无限竞争，规划各种"立场"之间狂乱的摆动，人们已经看到了这一点。这些立场可能被同样的"主体"来连续或同时地占据。从一种到另一种宗教，"原教旨主义"和"基要主义"在今天夸大了这种竞争。它们都在（我们下面还要谈到）世界一体化（作为上帝之死经验的基督教和电子技术科学的资本主义的奇特联盟）同时成为霸权的和有限的、超强力并趋向去灭绝的时候，夸张了这种竞争。只不过，那些介入到这种竞争中的人可能同时或轮流从各个方面，在所有的"立场"把竞争引至最后的极端。

这难道不是我们时代的疯狂和绝对错误？难道不是自我与所有同时性分离、被完全遮蔽的今天吗？

16. 在《纯然理性限度内的宗教》这部书中，每一部分结尾都有一个附释，对"反思信仰"的这种规定，出现在四个附释中的第一个之中。这些附释并非书的组成部分，"不属于纯然理性限度内的宗教之内的"，它们被囚于或被置于其中。我坚持这点可以说出于神学-拓扑学，甚至是神学-建筑学的原因：这些附释可能居于边界之处，而我们可能在今天在这些界限之中记录我们的反思。更何况,在第二版时补充的第一个附释因此规定了次要的任务,这个任务在于就不容置疑的道德主题,指出有关超越问题的困难。当我们用宗教的要素表现(解释)这些困难时,各种道德观念就损害了它们的超越的纯粹性。并且可能以 2 的平方的方式进行。只要人们对各种适当的移位给予注意,这样的平方在今天就可包括一个分析大纲,用来分析那些以"宗教名义"在世界各地犯下的恶。我们应该只限于指出它们的名称,而首先是它们的标准(自然/超自然、内/外、理论之光/实践行动、陈述/行为):1. 所谓的内在体验(神恩的各种结果):幻象教派(Schwarmerei)的神迷或狂热;2. 所谓的外在体验(奇迹的):迷信(Aberglaube);3. 超自然观点(神秘,Geheimnisse):天启顿悟论、信徒的狂迷;4. 冒险在超自然物上活动的企图(获得神恩的途径):魔幻术。

23   当马克思把宗教批判作为任何意识形态批判的前提时,当他把宗教视作不折不扣的意识形态,甚至视作所有意识形态和偶像崇拜运动的主要形式时,他的言论——不管他是否愿意——是否系于这种理性批判附带的框架呢?或者,似乎更加真实的是——但更难以说明——它已经解构了康德的基督教的基础公理?这可能成为我们的问题之一,而且无疑是最模糊的问题,因为还不能肯定马克思批判的各种原则没有求救于信仰与知识、实践公正和认识之间的异质性。然而,这种异质性,归根结底在纯然理性的限度内,并非不可还原为启示或宗教精神。更何况恶的这些形态同等程度地既使人对信仰行为不信又使人对之相信。它们驱逐的东西和它们解释的东西一样多,它们也许比以前得到了更多的宗教的、信仰原则的帮助,这不就是求救于前面所说的"反思信仰"信用的彻底的形式。我在此要探讨的正是这种机械论,宗教的这种机械回归。

17. 那么,在纯然理性的限度内,如何思考一种不重新变成"自然宗教"的宗教,即在今天的确很普遍的宗教呢？谁因此不再停留在基督教的,甚至亚伯拉罕的范式上呢？什么是这样一本"圣经"的计划呢？因为,对于纯然理性的限度内的宗教来说,涉及的也是一个《新约-旧约》的"世界"。这个计划是否保留一种意义或机遇？一种地缘政治的机遇或意义？或者,这一观念本身就其根源和结果而言,是否始终是基督教的？这是否就必然成为一种界限,像另一个界限一样的界限？一个基督徒——但犹太和伊斯兰教徒也同样——就是在有关这种界限,有关这种界限的实存,或有关它对任何其它界限——即界限的通常形态——的还原性的问题上,始终保持怀疑态度的一个人。

18. 把这些问题记在心中,我们将能够评判两种意图。就其简要原则而言,其一是"黑格尔式的":在终极运动过程中,把绝对知识规定为宗教真理的本体神学。黑格尔在《精神现象学》或《信仰和知识》的结论部分描述了这种神学,后者事实上宣告一种"新时代的宗教",它是建立在"上帝自身已死了"的体验之上的。"无限痛苦"在其中还只是一个"环节",经验性实存的道德牺牲的重要时刻只是绝对的受难或思辨的耶稣受难日（复活节前的星期五,Spekulativer Karfreitag）。各种独断论哲学和自然宗教应该消失,最严重的"受难"、最严重的亵渎宗教、神性虚无

(kenose),上帝完全缺席留下的虚空,应该在其最高整体中重新复活最安宁的自由。本体神学不同于信仰、祈祷和牺牲,它摧毁宗教,但相反可能是它培养了神学和教会,甚至宗教、信仰的生成。另外一个意图(可能还有一些充分的理由保留这个词)是"海德格尔式的":超出这种本体神学,即不在意祈祷和牺牲。因此应该让一种"启示性"(Offenbarkeit)启示出来。这种启示性的光比任何启示(Offenbarung)都显得更加始源。还应该区分神-学(关于上帝、信仰或启示的话语)和有神圣之学(关于神圣存在、神的本质和神性的话语)。应该唤醒神圣、圣洁的"不受损害"的经验。我们应该从这最后一个词(heilig,神圣)——这个德文词的语义历史似乎和勒维纳斯针锋相对,因为后者坚持自然、"世俗",甚至希腊-基督教的神圣性(sacralité)和罗马宗教前或统治时(犹太)律法的"圣洁"①观念(sainteté)之间的严格区分——出发,把我们的全部注意力集中到这个链条上面。至于"罗马的"②,海德格尔在《存在与时间》时期,难道没有进行一种基

---

① 勒维纳斯使用的拉丁词(甚至罗马词),如在《从神圣到圣洁》中(子夜出版社,巴黎,1977年),显然只是从希伯来文翻译而来的。

② 参照海德格尔:《纪念》(Andenken,1943):"当诗人在他们的存在中时,他们就是预言家。但不是犹太-基督教意义上的预言家。这些宗教的'预言家们'并不坚持神圣(Sacré)的原初言语的这唯一的预言(das voraufgrundende Wort des Heiligen)。他们立刻宣布神,人们随后就相信神,就像相信在超世的至福中一定能够得到拯救的保证。我们不应以'宗教'的'教士'来歪曲荷尔德林的诗,而'宗教'的'教士'始终是用解释人和神关系的罗马方式解释(eine Sache der romischen Deutung)事物。"诗人不是"通灵者",也不是"预言者"。"诗的预言中所说的神圣(das Heilige)只是打开了诸神显现的时代,并且指明人由于历史命运所得到的尘世上的栖居之所……人的梦想(也是诗的梦想)是神的,但他并不梦想一个神。"(《全集》,第Ⅳ卷,第114页,法译本,让·罗尼译,收在《接近荷尔德林》,加利马出版社,1973年,第145-146页。)

督教动机的本体论-生存论的重演——这些基督教动机同时被挖掘和倾空直至它们的原始可能性——吗？一种正好是前-罗马的可能性？他难道没有在几年以前(1921年)告诉洛维特：为了承担构成他的"我生存"的事实性的精神遗产，他应该说："我是一个基督教神学家"？这并不是要说"罗马的"。我们下面还会谈到这个问题。

19. 我们讨论的难题，以其最抽象的形式可能会成为这样的问题：启示性是否比启示更始源，因而也独立于任何宗教？它在其经验的各种结构和与之有关的分析中是独立的吗？这是否至少就是"反思信仰"的始源——如果不是这种信仰本身的话——之所在吗？或者，相反，启示的事件是否本来在于揭示"启示性"本身，以及启示之光的始源、原之光、可见性的不可见性本身？这可能就是信徒或神学家——特别是坚持原始基督教教义的基督徒、海德格尔自认所属的路德教传统的"原始基督教"的基督徒——在此所要说的。

大概20年以后，在1962年，这样的反对仍然针对的是罗马教廷，针对宗教的从根本讲是罗马的形态。这种反对以同样的形式与现代人道主义、技术、政治和法律联系起来。海德格尔在参观了位于上雅典地区的恺撒里亚尼的东正教修道院以后，在旅居希腊时记下这样的文字："小教堂所具有的基督教特点仍然与古希腊的相合，在此弥漫的是不屈服于罗马教会及其神学之司法和国家思想的精神。今天修道院柜台所在之处，是昔日为阿耳忒弥斯所设的'世俗'祭坛。"(*Aufenthalte*：《栖留》，巴黎，法译本，Rocher，1989年，维赞译，此处略有改动，第71页)。

更早些海德格尔在科孚岛沿海区域时——还是一个岛，他还提到另外一个岛——西西里岛，这个岛对歌德来讲更加接近希腊。同样的回忆用两个句子把"现代人道主义之光"启示的"罗马化和意大利的希腊的特点"和"机器时代"的来临相互联系起来(同上，第19页)。既然"岛"象征着我们的长居之地，那请注意，在希腊的旅行对海德格尔始终更是一种"栖留"，一次在德洛斯附近的可见的或明显的驻止，一次通过它的名字进行的揭示性沉思。德洛斯，它同样是"神圣"或"平安"之岛(同上，第50页)。

20. 黑夜,光线越来越暗。让我们最后止步:为的是找到第三个地点,它可能比元-始源更早地存在过,这第三个地点是最无序、最易变成无序的地点,它不是岛屿,也不是福地,而是荒漠——不是启示的荒漠,而是荒漠中的荒漠,使得打开、挖掘或无限化另一个地点成为可能的荒漠。这是极端抽象化的出离或存在。在此转"到"这片没有通路、没有内在的荒漠"中"的东西,诚然还是宗教和接纳(religere)的可能性,但先于在词源学上有争议的、无疑是再造了的"联系"(religare),先于这样的人之间或人与神的神性之间的联系。这也如同"联系"的条件还原到最小的语义学规定那样:迟疑(宗教)的终止,廉耻心的保持,还有海德格尔在《哲学论文集》中谈到的某种克制(Verhaltenheit)、尊重、在决定和肯定(relegere,重读、再读)的保证中重复的责任,决定或肯定与自身的联系是为了和另一个决定或肯定相联系。即便我们可把其称之为社会联系,与一般意义上的他者的联系,这种信用"联系"也先于任何特定的社群、实证宗教、本体-人类学-神学的视域。这种联系先于任何社会和政治的规定,先于任何交互主体性,甚至先于神圣(或圣洁)和世俗的对立,把各种纯粹的特殊性重新连接起来。这因此可能类似荒漠化(这种危险始终是难以否定的),但是这种荒漠化却能——相反——同时使表面上其所威胁的成为可能。荒漠的抽象化由此能够招致它所避免的一切。由此产生了宗教的联系或避退、宗教的抽象化或避退的模糊性和双重性。这种对荒漠化的避退于是以人们用以反对它之物——反对仅仅类似虚空和单纯抽象化的未被规定物——的名义允许重复那些将要引发这种避退本身的东西。

既然必须用两个词包括一切,让我们给这些始源的双重性两个名字。因为,在此,始源就是双重性本身,一个就是另一个。让我们为这两个始源、这两口井或这两条在荒漠中尚不可见的踪迹命名。让我们仍然给予它们两个"历史性"的名字,在这样两个名字中,某种历史观念自己变成没有归属的。我们为此要一方面参照——暂时地,我坚持这点并且坚持教育或理论的目的——"降临者",另一方面参照 khôra,①就如我曾经企图更加细致、更加耐心所做的那样,我希望在别处能更加严格地做这件事。②

21. 第一个名字:降临者,或者说没有救世主降临的降临性。这会成为向着未来或作为公正的来临的他者的到来的开口,但是却没有期待的前景,也没有预知的事先形象。他者的到来只有作为一个特殊事件——其中没有任何事先参与,而他者和死亡以及根本的恶每时每刻都可能出现——才能突现出来。各种可能性打开,并总是可能同时中断历史,或者至少打开或中断历

---

① 希腊文,中译多译为空间、地点等,也有译作"场"(佘碧平译:《多重立场》,三联书店,2004 年)、"场域"(陆扬:《避免言说否定哲学》,载《德里达与神学》,道风基督教文化评论,第二十期,2004 年春)。德里达在此主要参照了柏拉图在《蒂迈欧》中的有关这个概念的命名(48e,52a),他认为 Khôra 是柏拉图推理的一个范例。德里达不同意一些人对这个词从比较和隐喻角度做的解释,他认为实际上 Khôra 既不是可感的,也不是可知的,不是隐喻,也不是规定,既不是这个,也不是那个,既分享又不分享二者的端点。德里达因此没有给这个概念以法文译名,而用原文表示。我们也沿循德里达的方法,不把这个词翻译出来。参见德里达:"Khôra",伽利略出版社,巴黎,1993 年。——译注

② 参见"Khôra",《马克思的幽灵们》(伽利略出版社,巴黎,1993 年)、《法律的力量》(伽利略出版社,巴黎,1994 年)。

史的日常进程。但是,这种日常进程,就是哲学家、历史学家、经常还有革命(神学)经典作家们所说的进程。中断或撕裂历史本身,在决定的过程中制造历史,这种决定可能在于让他者来临,并且能采取他者决定的表面的被动形式:在"决定"自在地或在我身上显现之处,决定还总是他者的决定,这没有免除我的任何责任。降临者绝对是突然呈现出来的,而且即使总是以和平或公正的现象性方式出现,降临者也是抽象地呈现,应该期待(并不期待的期待)最好,如同期待最坏,而最好和最坏,其一若没有另一个打开的可能性,则永远不可能发生。在此关键在于一种"经验的普遍结构"。这种降临的维度不取决于任何救世主降临,不追随任何特定的启示,它本身不属于任何亚伯拉罕的宗教(即使我在此应该继续在"我们之间"使用亚伯拉罕宗教标志的名称,我在下面将要谈到这样做的语言、地点、文化、临时修辞和历史策略的主要原因)。

22. 对公正的难以遏止的渴求与这种期待相关联着。从定义上讲,这种期待不被也不应该被任何如此这般的知识、意识、预见性、计划所担保。这种抽象的降临性从一开始就属于信仰和相信,或者属于不可还原为知识的信用以及在见证中"奠定"与他者的所有关系的可靠性的经验。我把这种公正与法律区别开来,只有它得以在"救世主降临"之外期望一种使各种个体性普遍化的文化,在这种文化中,翻译之不可能的抽象可能性倒是可能显示出来。这种公正事先标明在应许、信仰的行为中或者在对信仰的召唤之中,在任何语言行为和对他者的致辞中都栖居着这种召唤。唯有这种信仰的而不是他者的或先于任何他者的可普遍化的文化，允许一种有关"宗教"主题的"理性"和普遍的话语。这种剥离于一切的降临，理所应当就是这种没有教义、在绝对黑夜的危险中前行的信仰，我们不把它包括在我们的传统所接受的任何对立——比如理性和神秘的对立——之中。一种纯粹理性的分析，它毫不让步地进行反思，在它让这种悖论出现的所有地方，降临性都会显现，也就是说，法律的基础——法律的法律、机制的机制、构建的根源——就是一种不能属于它所奠定、开启或证明的总体的"行为"事件。这样的事件在它将要开启的东西的逻辑中是不可证明的。它是在不可决定物中的他者的决定。从此，理性应该承认帕斯卡尔和蒙田所谓的不容置疑的"权威的神秘根基"。这样理解的神秘把信仰或信任、信用或可靠、秘密（这里意味着神秘）等和根基、知识结合起来，并且和作为"行为"、理论——实践的，理论实践的——的科学结合起来，也就是说，和一种信仰、行为性和技术科学或电讯技术的行为结合起来，我们在后面还要谈到这一点。这种根基在哪里通过自我解体而奠基，它就在哪里蜕身到它所奠基的地面之下，在它迷失于荒漠之中的时刻，它就失去了对秘密的记忆，直至它自身的印迹。"宗教"只能够开始和再-开始：几乎是自动地、机械地、不自觉地、自发地。自发地，就是说如这个词所指示的，它同时既是来自根源的东西的根源，也是不自觉的自动性。无论好坏，都没有任何保证，也没有人类学-神学的前景。如果没有这荒漠中的荒漠，就不会有信仰的行为，不会有应许、未来，不会有不期待死亡，不期待他者的期待，也不会有和他者的特殊性的关联。荒漠中的荒漠的机遇（就像那类似希腊-犹太-基督传统以来在其中所开辟的否定之路的东西——如此相似,以至有可能出错,但并不会互相还原——的机遇),就是说类似于拔掉承载它的传统,这种抽象化不否定信仰,并解放了一种普遍的理性和与之不可分离的政治民主。

23. 第二个名字(或前-第一名字),就是柏拉图在《蒂迈欧》①中所指定的,但他没有能够以一种一致的自我-解释的方式重新把握的 khôra。从一个文本、体系、语言或文化的内部被打开起,khôra 就安置抽象的空间、地点本身、绝对外在性的地点,也安置荒漠的两条道路分道之地。这一分道归属于"否定之路"的传统,这种否定之路尽管或者就处于基督教的诞生之中,却把本己的可能性与希腊传统(柏拉图和普罗提诺的)结合起来,而希腊传统一直延续到海德格尔,甚至更远:存在之外的思想。这种希腊-亚伯拉罕的交混始终是人类学-神学的。在我们所知的它的形象中,在其文化和历史中,这种交混的"方言"并非普遍的。人们只在中东荒漠,在一神教启示和希腊发源地才说这种"方言"。正是在那里,我们今天在这个岛上,可以试图确定我们所拥有和坚持之地。如果我们坚持必须这样做,而且在某种时间内以传统给予我们的名字之名,那是因为在这一交界之地,一种新的至今不曾有过的宗教战争又爆发了,而这又是一个既内在又外在的事件。这场战争把其震撼天地的混乱记录在了技术科学、经济、政治和法律的世界。

---

① 我应该在此回溯到这个文本的阅读上,特别是我在《如何不说?》、"Khôra"与《除非名字》(伽利略出版社,巴黎,1993年)之中所建议的"政治阅读"上。

这场战争把其政治的、国际法的、民族的、公民主体的、国家主权的观念牵涉进来。这些强权的观念倾向于统治世界,却只是根据这些观念的有限性;其强力日益增长的张力并非无比强大,相反,却带着脆弱和尚可完善的性质。两者之一除非求助另一个才能存在。

24. 如果不去探究这一交界之地之内外,如果只满足于一种内在(内在于信仰、宗教、语言或文化的历史)解释,如果不确定这种内在性和表面外在的维度(技术科学、通讯-生物技术,还有政治和社会-经济等等的维度)之间过渡之地,我们就不能回答这个问题,就不能理解"伊斯兰教"的涌现。

在探询把希腊哲学和亚伯拉罕启示相交会的本体-神学-政治传统的过程中,可能应该证明那些从内部,或似乎从外部,但却在内部活动和反抗的,仍然对抗这个传统,将永远对抗这个传统的东西。Khôra,Khôra 的证明①,至少根据我所相信能够求期盼的解释,可成为地点的名字,这是一个地点的名字,非常特殊的名字,这个空间不屈服于任何神学、本体论或人类学要求的统治,没有年龄,没有历史,比所有的对立(比如感觉-知性)都要"古老",甚至不沿袭否定的道路表现为"在存在之外"。同时,Khôra 对于所有历史启示或人类学-神学经验的过程来说,始终是绝对不可超越的和异质的,不过,它设定了这些过程的抽象化。它永远不会进入宗教,永远不会被神圣化,被纯洁化,被人道化,被神学化,被文明化,

---

① 参见《除非名字》,同上,第95页。

被历史化。由于相异于健康和平安、圣人和圣物，Khôra 永远不会要求补偿。这不能在现在说出来，因为，Khôra 表现出来的永远不是它原来的样子。它既不是存在，也不是善、上帝、人和历史。它永远反对这些，它将永远是（而且它永远没有在前的将来，将永远不可能重新拥有一个没有信仰和规则的 Khôra，不可能让它屈服或再屈服）一种无限的反抗、一种无限不可超越的反抗的地点本身：一个没有面孔（visage）的他者。

25. Khôra 什么都不是（不是任何在者或在场），但它并不是在"此在"的焦虑中向存在问题开放的"虚无"。这个希腊名字在我们的记忆中说的是那些不可拥有的东西，即使是通过我们的记忆，甚至我们的"希腊"记忆。它说的是在荒漠中的一片荒漠的不可记忆，对于荒漠，这种不可记忆既不是门槛，也不是葬礼。问题始终是要由此知道，人们是否能够思考这片荒漠，并且在我们认识的荒漠〔即启示和退避、上帝的生者和死者的荒漠，所有神性虚无（kenose）和超越、宗教或历史"宗教"的各种形态的荒漠〕"之前"让它表现出来；或者相反，是要知道是否"根据"这最后的荒漠，我们理解它之前的一个，理解我称之为荒漠之中的荒漠。不确定的摇摆，即前面我们已经提出的（在启示和启示性、事件和事件的可能性或潜在性之间的）悬搁（epokhè 或 Verhaltenheit），难道不应该尊重它本身吗？在两种根源性、两种根源，以及"被启示"秩序和"可启示"秩序之间，存在着这种个别的或日渐夸张的不确定，这种不确定难道不同时成为所有有责任的决定和另外的"反思信仰"以及新的"宽容"

(tolérance)的决定时机吗？

26. 让我们设定，在此"在我们之间"就"宽容"达成了共识，即使我们没有担负促进、实践或奠定这种"宽容"的使命。我们在此是要试图思考一种"宽容"从此可能成为什么。我同时给这个词加上了引号，为的是使它不受其根源的影响。因此也就是为了通过这个词，通过它厚重的历史，宣告一种不仅仅是基督教的可能性。因为，宽容的观念，从严格意义上讲首先系于基督教被奴役的命运。从字面上，我要用这个词说一种基督教共同体的秘密。这个秘密曾经以基督教信仰之名被记载下来，被传布开来，它不可能与康德称之为"反思信仰"的秘密，并同样也是基督教的秘密没有关系，不可能与基督教的纯粹道德性没有关系。"宽容"的教训首先是一种基督徒认为只有自己才能够给予世界的典范教训，尽管他经常应该自己学习理解这个教训。在这方面，是就启蒙从本质上是基督教而言的。伏尔泰的哲学词典在分析"宽容"这个词时，保留了基督教双重的特点。一方面，基督教在"宽容"方面是典范。诚然，基督教比其它任何宗教——并先于任何宗教——都更加清楚地教导人们"宽容"。总之，是的，伏尔泰有点采用康德的方式，似乎认为基督教是唯一"道德"的宗教，因为它是第一个有义务并能够提供信仰自由榜样的宗教。由此可见，那些颂扬伏尔泰，并且在批判的现代性的战斗——在其发展中还要更加严重——中聚集在伏尔泰麾下的人们，他们是多么天真，甚至有时是愚蠢的。因为，另一方面，伏尔泰的教导针对的首先是基督徒，是那些"所有人之中最宽容的人①"。当伏尔泰指责基督教和教会时,援引了基督教原初的,也就是"基督教最初时代"的教导,耶稣及其使徒时代的教导,而他们被"教廷和罗马的天主教"出卖了。后者在"一切礼仪和教义中都和耶稣的宗教相对立"。②

另一种"宽容"与"荒漠中的荒漠"的经验相关联,这种"宽容"会尊重作为个别性的无限相异性的距离。而这种尊重,一旦进入任何作为对自身重复的关系的宗教,一旦进入任何社会或共同的关系,就还是宗教,即作为迟疑、克制、距离、分离、断裂的宗教。③

在一开始就存在的逻各斯之前或之后,在圣体之前或之后,在《圣经》之前或之后。

---

① 即使对于"何谓宽容?"这个问题,伏尔泰回答:"这是人类的特权",不过,这里卓越的典范,这种"人性"的最高追求始终是基督教的:"在所有的宗教中,基督教无疑是应该最要求宽容的宗教,尽管至今为止,基督徒已经是所有人中最宽容的。"(《哲学辞典》,"信仰自由"词条)

"宽容"这个词隐藏着叙事,它首先讲述的是基督徒之间的一个故事和经历。它发出的是一些基督徒致向另一些基督徒的信息。(最宽容的)基督徒通过一个教友,以根本信奉同一宗教的方式受召于耶稣之言和原初真正的基督教。如果不顾及可能引起太多人的反感,我们会说,由于他们充满激情地反基督教,特别由于他们与罗马教廷的对立,也由于他们对原始基督教的(有时是回忆的)偏好,伏尔泰和海德格尔都属于同一个传统:原始天主教。

② 同上。

③ 正如我在别处(《马克思的幽灵们》,同前,第49页)期图做的那样,我主张从某种断裂,从总是拯救,总是要拯救的可能性出发,思考公正的条件,思考这种分离之秘密的条件,而不是在海德格尔把它引向的聚拢之下,在无疑被证明的"烦"中,直至达到使 Dike(正义)脱离公正的权力,脱离后来的伦理-司法的表象,不是在这种情况下思考。

后记

地下小教堂……

27. ……宗教？现在，在此，在这一天，如果我们还要谈论宗教，可能应该试图思考宗教本身或试图献身于宗教。但是，也许应该首先试图讲述宗教，并严格地——也就是有节制、有廉耻和尊重或热情，一句话是有顾忌地——对宗教主题发表意见，这至少是或假定是宗教从本质上所要求的。正如它的名字所表示的，因此，应该——人们已经企图对之进行总结——以某种被定位的宗教（religio-sité）来谈论这种本质。为了不在其中引入任何局外因素，必须要使这种本质成为不变的、安全的，并且不受任何损害。这是宗教本质将要在它要成为的不受损害的经验中的不受损害。不受损害（indemne①），是否这就是宗教事情本身呢？

别人会说：不，正相反。如果以宗教之名谈论宗教，如果满足于特别地、宗教地反思宗教，那谈的就不是宗教。此外，另一个或

---

① Indemnis：即不受损害或没有损失，演变为法文"dam"（失苦）的 damnum 来自于 dap-no-m，起源于 daps，dapis，即在宗教圣礼中奉献给诸神的牺牲。我们可能在这后一种情况下谈论无害化，我们在这里或那里使用这个词是为了同时表示回报和恢复的过程，这有时是祭礼的，它重建不变的纯洁性，健康和平安的完整性，一种未被损伤的纯洁和属性。这就是"不受损害"这个词的概括意义：在任何亵渎、伤害、违犯、损伤之前的纯粹、未损、圣物、圣人。在海德格尔那里，这个词经常被用来翻译"heilig"（神圣、平安、健康、未被触动）。因为"heilig"这个词将成为上述反思的中心，因此，我们现在就必须澄清我们下面对"indemne"，"indemnité"，"indemnisation"这些词的用法。我们下面会不时地把这些词和"immune"（免疫）、"immunité"（免疫性）、"immunization"（免疫化），尤其是和"auto-immunité"（自我-免疫）这些词联系起来。

同一个别人还会说,与宗教决裂,即使是为了在瞬间悬搁宗教的归属,这是否就是最真实的信仰或最原始的神圣性古而有之的始源本身?无论如何,如果可能,应该以无宗教的,甚至反宗教的方式关注现在宗教可能之所是,关注在这个时刻,在世界和历史中,以宗教之名所说的、所做的和所发生的事情。宗教在其中并不能思考,有时也不能担负或承载宗教之名。我们不应该像过客那样,轻松地说"在这天","在这个时刻","在世界中","在历史中",而同时忘记了在宗教名下,甚至以宗教之名在那里发生的、我们遭遇到的,并且仍然遭遇的事情。而我们在那里遭遇的,恰恰包括对所有这些词所要说的事情的经验和极端的解释:"世界"和"在世的存在"的统一,西方传统(基督教或希腊-基督教,直至康德、黑格尔、胡塞尔、海德格尔)中的世界或历史的观念,同样还有时日(jour)的观念,还有现在(présent)的观念。〔可能很久以后,我们应该会对这两个主题进行对照:一方面是现在(présent)的完整(indemne)的在场(pésence),另一方面是对信念的相信。或者还有:一方面是神圣-圣洁、健康和平安,另一方面是信仰、可靠或信用。两方面同样的神秘〕。像不久以前的其他一些人那样,种种新的"宗教战争"在人世间(不是世界)爆发,并且为的是绝对控制上天:数字系统和直接潜在的环视的可视化,"航空空间",通讯卫星,信息自动化,资本-媒介权力的集中化,用数字文化、喷气式飞机和电视这三个词可以概括这些,如果没有它们,今天就不会有任何宗教活动,比如,不会有任何主教的旅行和演讲,不会有任何犹太教信徒、基督徒或伊斯兰教徒组织的影响,不管他们是否是"原教旨"的。① 这样,赛伯空间化了的宗教战争除了这种"世界"、"历史"、"时日"和"现在"的规定之外,没有别的赌注。诚然,这种赌注可能始终是不言明的,不足以主题化,难以说清楚。另一方面,它也可能在掩盖或移动很多其它概念的同时"抑制"上述概念。就是说,象局部抑制的情况那样,在其它地点和其它体系中标志它们;但若没有病症和幻觉,没有要质疑的幽灵,这就永远不可能进行。在这两种情况下,并且根据两种逻辑,我们应该同时重视被最彻底地宣告的任何赌注,并且应该自问什么能潜在地使这种彻底性的深度发生变换,直至根源。被宣告的赌注已经显得没有限制:什么是

---

① 在此,我们没有足够篇幅扩展有关的形象和迹象,即可以说是我们时代的圣象:作为文化或社会宗教现象的视听表象的组织、观念(生成、结构和资本的力量)。在数字化的"赛伯空间"中,在这虚拟的世界里,一种天空的、可怕的、野蛮或神性的注视,即某种如同 CNN 的一只眼睛的东西在日夜监视:监视着耶路撒冷及其三种一神教,监视着拒绝了电视的虚饰、浮华的教皇的旅程,而这种旅程是前所未有的繁多和快速(他最近的通谕是反对堕胎和安乐死的,为的是保证健康和平安生活——indemne, heilig, holy——的神圣性和圣洁性,为的是通过夫妻之爱中生育——除非已定的豁免,比如牧师的单身,避免人的免疫欠缺病毒 VIH。这个通谕马上得到传播,广泛被"营销",并被自由地录制为光盘。光盘化扩及到在圣事神秘中的在场的符号),监视着去麦加朝圣的空中飞行,监视着如此多的直接奇迹(最经常指的是康复,也就是回归无伤害,无害化),这种奇迹在美国电视成千上万的观众面前发布。

如此出色地与世界人口水平和发展相配合,如此紧密地与我们时代的科学技术、经济和媒介的力量相适应,所有上述现象的见证力大大地增强了,同时也通过超音速飞机或视听天线在数字化空间中会聚。宗教的"以太"(éther)将永远寓居于某种幽灵的潜在性中。今天,正如在我们内心深处的无比高尚的星空,"光盘化"和"赛伯空间化"了的宗教,也是对创造的幽灵的超资本化的加剧推进。光盘、卫星的天空轨道、喷气式飞机、电视、电子邮件或互联网网络,实际或潜在地通过各种新的"联合体"可以普遍化、超国际化、具体化,越来越超出了国家权力(民主或不民主,说到底无关紧要,一切都要重新查看,就像在现时状态下国际法的"世界一体性"(mondialatinité),就是说在要进入不断加速的和不可预料的变革进程的状态下重新查看)。

"世界"、"时日"、"现在"(也就是全部历史,地球,人的人性,人的权利,男人和女人的权利,社会的政治和文化组织,人、神和兽之间的差别,时日的现象性,生活的价值或"无损性",生命的权利,对死亡的态度等等)？什么是现在？就是说:什么是历史？时间？存在？存在的本质(就是说不受损害、安全、神圣、纯洁)？什么是圣洁性或神圣性？二者是否是同一回事？什么是上帝的神性？我们可以赋予"神"(theion)多少意义？这是一种好的提问方式吗？

28. 宗教？单数的定冠词？可能,可能(这应该总是可能的)在新的"宗教战争"的后面,在以宗教之名表现出来的事情的后面,在以宗教之名所保卫或反对的东西之外,以宗教之名屠杀、自杀或互相残杀,并为此引发的公开赌注,换句话说就是在所谓的公开赔偿之外,还有其它东西,当然也就是其它利益(经济的、政治-军事的等等)。但是,反之,就像我们所说的,我们遇见的事情往往(并非总是)采取闻所未闻的残酷的"宗教战争"的恶的并且是最恶的形象,这种战争却并不总是以宗教之名说话。因为,不能肯定,面对某些"原教旨主义"(现在或过去的)最骇人听闻和最野蛮的种种罪恶,其它超级的武装力量没有进行未言明的"宗教战争"。犹太-基督教的西方以各种美好理由(国际法、民主、人民自主、民族或国家,甚至人类命令)进行的军事"干预",从某种方面看,难道不也是宗教战争吗？除了对于那些匆忙地相信这些正义的理由不仅仅是世俗的,而且是纯粹宗教的人,这个命题并不一定必然是侮辱性的,甚至也不是特别新颖。为了如此这般地规定宗教,必须确定能够规限宗教的事情。必须确定能够区分有关宗教事物的所有谓词

（我们会看到，这并不容易。至少有两种类别、两种始源或来源互相交织，互相嫁接，互相传染，但却从来没有互相混淆过。为了使事情不要过于简单，二者之一，正是不受损害、始终厌恶染指的东西——除了凭借自身和自我-免疫——的冲动）。必须把宗教这样的基本特点和奠定了伦理、法律、政治或经济观念之物的特点区分开来。然而，没有任何东西比这样的区分更成问题的了。那些为了把我们局限在这个区域而常常允许我们区分出或试图区分出政治的基本观念，始终是宗教的，或归根结底是神学-政治的。只需一个例证：卡尔·施米特试图区分出纯粹的政治领域（特别是为了把政治和经济、宗教区分开来），以便在诸如十字军那样的宗教战争中辨认出政治和政治的敌人，在这样一种严肃的意图中，他应该承认：他曾经求助过的看来是最纯粹的政治范畴其实是神学-政治世俗化或神学-政治遗产的产物。而当他揭露正在进行的"非政治化"或政治中立化过程的时候，明显针对的是一种欧洲法律，在他看来，这种法律无疑与"我们的"政治①思想不可分离。假设我们同意这些前提，现时宗教战争的新形式也可能意味着彻底反对我们确定政治领域的计划的。对于比如我们的民主观念以及所有与之相联的司法、伦理和政治的观念，以及至高国家、主体-公民、公众空间和私人空间的观念，还包括实际上从特定宗教始源继承而来的宗教观念，这些宗教战争形式于是成为了一种回答。

因此，尽管伦理和政治的急迫并不让自己等待回答，我们也不

---

① 这还没有谈到施米特的政治，因此也是宗教的理论的困难和其他可能引起的批评。可参见《爱的政治学》(*Politique de l'amitié*)，伽利略出版社，巴黎，1994年。

会为一种派别实践,为哲学拼盘或奢侈的词源学,一句话为一种意欲悬搁判断或悬搁决定的借口,或更恰当地说为另外一种悬搁的借口,而坚持对"宗教"的拉丁名词的思考。

29. 宗教? 回答:"宗教,这就是**回答**。"这难道不是一开始就可能必须回答的东西吗? 再有,还应该知道回答的东西要说的是什么,同时要知道什么是责任。而且还必须清楚地知道——并且相信。如果没有责任的原则,就不会有回答:应该面对他人回答他人,并且对自己负责。如果没有起誓的信仰,没有担保,没有誓言,没有某种圣事(sacramentum)或法律权利(jus jurandun),就不会有责任。甚至在思考见证、誓言、圣事的信仰的语义历史(对于要在宗教的固有或世俗的形式下对其进行思考的人来说是必不可少的谱系和解释)之前,在注意到某种"我预言真理"总是在起作用,以及某种"当我和他人说话时,我就在他人面前担保了,尽管而且可能特别是为了违背誓言"之前,应该把"**我们已经说拉丁文**"的事实记录在案。提请人们注意这个事实,为的是让人们注意到在今天世界认可宗教之名时,今天世界说的是拉丁文(最经常地通过美国英语)。在所有致辞之始就已被预设,为了致辞他者而从他者而来的某种圣事的应许的赌注,不可能既以上帝为见证,而又不几乎已经自动地引发了上帝。上帝的降临,从先验观点看是不可避免的,上帝的降临自动地把一个致辞的先验机制演示出来。因此,我们本应该一开始就回顾地确定一个尚未出生的人的绝对长子继承权。因为,即使上帝没有被指定介入最"世俗"的担保,以上帝为见证的起誓也不能不创造、祈求或召唤一个上帝,一个已经在那,因而在存在之前没有生成并且是不可生成的上帝：不可创造的。而且在其位置上是不在场的。也就是说不可创造的创造和再创造在其位置上是不在场的。一切都始于这个不在场的在场。各种"上帝之死"在基督教之前，在上帝之中和之外都不过是上帝的一些形态和变化。这样被再-生成的不可生成，就是空位。没有上帝，就没有绝对的见证者。就没有在见证中作为见证的绝对见证者。但是，有了上帝，在场的上帝，绝对第三者的存在，任何证明都会变得表面、无意义或次要的了。证明，也就是遗言。在不可遏止的见证要求之中，上帝会始终是一个见证者之名，他作为见证者被召唤，也被命名为见证者，尽管有时，这个命名就其名称而言永远不能说出来，难以规定，一句话，是不可命名的；尽管这个命名应该始终是不在场的、非存在的，特别就这个词的所有意义而言是不可创造的。上帝为"可命名-不可命名"者的见证者，为所有可能的圣事或担保的在场-不在场的见证者。我们做无限的让步（concesso non dato），假设宗教与我们这样命名的上帝哪怕有一点点的关系，宗教就不仅仅属于命名的一般历史，而且在此以宗教（religio）之名更确切地属于圣事和遗言的历史。宗教就是这种历史，与历史融为一体。在从那布勒斯开往卡普里的船上，我说过我要以提出这种极其清楚的明证性为开始，但我最后没有敢于这样做。我还说过，除我之外，人们仍然无视今天所谓"宗教的"或"宗教回归"的现象，若人们继续天真地把理性和宗教、批判或科学与宗教、技术科学现代性和宗教对立起来的话。如果人们继续相信这种对立，甚至相信这种不可调和性，也就是说如果人们停留在某种启蒙传统中，停留在三个世纪以来不同启蒙传统之中的一个（不是其批判力量深深地扎根于宗教改革之中的一种启蒙之中)之中,确实,停留在这种启蒙之光,像一条光线,像唯一的一条光线穿越的启蒙之光中,停留在某种批判的并且反宗教、反犹太-基督-伊斯兰教的警惕中,停留在某种"伏尔泰-费尔巴哈-马克思-尼采-弗洛伊德-(甚至)海德格尔"的传统中。假定关键在于理解,人们是否会理解某些"今天世界上由于宗教而发生的事情"(为什么"在世界上"?世界是什么?这种假设是什么?等等)?在这种对立及其特定遗产(此外,也在另一方面,即宗教权力方面所代表的遗产)之外,我们可能能够试图理解批判和技术科学理性的坚定而无限的发展何以承担、支持和设定宗教,而非与宗教对立。必须表明(这并非易事),宗教和理性拥有同一来源(我们在此把理性和哲学,和科学联系起来,这种科学是技术科学,是知识创造的批判历史,而这种知识是作为创造的知识,知-行和有距离的介入,本质上总是施事和施效的通讯-技术科学,等等)。宗教和理性是从这种共同的根源出发而共同发展的:任何陈述行为的证明担保,都着手在他者之前回答,并且同样保证技术科学的施事性。同样的唯一根源机械地、自动地分化了,并且反应性地与自身相对立:由此,根源一分为二。这种反应性是一种牺牲的不受损害的(无损伤化)过程,它企图恢复它自己威胁的无损伤。这也是二者的可能性,是 n+1 的可能性,也是和"最终显灵的神"的可能性一样的可能性。至于回答,则是"或者"、"或者"。或者,回答致向如此这般的绝对他者,在忠实和责任中得到理解、聆听和尊重的致向;或者,回答在仇恨和反动的战争中进行反驳、对立、补偿和互相补偿。两种回答之一总应该能够传染另一个。我们永远不能在一个决定性的、理论的或认知的判断行为中证明是这一个还是那一个回答。这可能是所谓的信仰、血脉或忠实、信、一般的"联姻"、信仰的要求等等的地点和责任。

30. 但"**我们已经说拉丁文**"。就卡普里的聚会而言,我们永远不要忘记,我认为应该提出的"主题"——宗教,曾经是拉丁文名词。然而,"宗教的问题",如果可以这样说的话,难道不干脆就是与拉丁文的问题融为一体的吗?通过什么地方可以超出"语言和文化的问题"来理解拉丁性及其世界化的奇特现象。我们在此不说普世性,甚至不说普世观念,而仅仅说有限但又神秘的普世化过程。人们很少就其地缘政治和伦理-司法方面的意义来探询这个过程,而在这个过程中,存在着一种力量,它在其荒悖的遗产之中,被一种"语言"的世界性的,而且还是不可抗拒的霸权所替代、发挥、振兴,这就是说,被一种部分为非拉丁的文化,比如英-美文化的力量所替代、发挥、振兴。然而,对于特别触及宗教和论说"宗教"的一切,对于把握一种宗教话语或把握言说宗教的话语的一切,英-美还是拉丁的。我们可以说,宗教有如可能在罗马停留并绕道美国的一个英文词那样在世界游走。远远超出其纯粹的资本或政治-军事的形态,几个世纪以来,一种超级帝国主义的侵占正在进行。而这种侵占以特别敏感的方式强加到国际法和世界政治理论的观念工具上面。这种机制在哪里统治,就会在哪里和一种关于宗教的话语连接起来。由此,人们今天平静(且粗暴)地用来称谓"宗教"的,其中有非常多的东西曾经并仍然与这个词在历史上的命名和验证格格不入。不能不对那么多其它词,对所有以"崇拜"、"牺牲"、"神圣"、"平安"、"圣洁"为开始的"宗教词汇"予以同样的关注。但是,由于不可避免的传染性,任何语义成分都不能始终外在于这个似乎没有边缘的过程,我不再敢说"健康和平安","神圣"。"世界一体化"(当然从根本上讲是基督教的)这个词指的是一个独一无二的事件,从这个事件的角度看,一种元语言显得不可理解,然而与此同时,它留在这里又首先是必然的。因为,这种世界化,在我们不再感觉到它的界限的同时,我们知道它是有限的,并且仅仅是被策划的。关键是一种一体化,并且毋宁说是一种世界性,一种步履沉重,而且还那么不容置疑和霸道的世界化。如何思考这种步履沉重?无论未来是保留它还是对它保留,我们都不知道它,并且不能通过定义知道它。但今天,这样的沉重在这种非-知识的背景下,煽起了世界的"以太"。有些人在其中比其他人呼吸得更自在,而有些人则在其中感到窒息。宗教战争在其中自如地扩张,但也是在有爆发危险的保护层次之下。两个问题(宗教和世界一体化)的共同扩张性给予一种问题以空间,这种问题从此不能被还原为语言、文化、语义问题,无疑也不能还原为人类学或历史的问题。**而 religio 仍然是不可翻译的吗**?不存在没有牺牲、盟约以及真正地证明真理的应许,也就是说出真理的宗教:就是说,开始,不存在不恪守说出真理的应许的宗教,并且同时应许在应许行为本身中说出真理、恪守说出真理的应许——应许已经说出了真理!这是已经说出真理——拉丁文是 veritas——的应许,因此也就是恪守说真理的应许。将来的事业已发生。应许被承诺,已经被承诺,这就是起誓的信仰,因此就是回答。宗教由此开始。

31. Religio 仍然是不可翻译的吗? 这个问题,更不用说它召唤的回答,是否已经向我们标明一种"方言",而这种"方言"是不可翻译的? 回答是什么? 是起誓-信仰:respondere, antworten, answer, swear(swaran):"对神起誓(这个词引出 schwören, beschwören, jurer, conjurer, adjurer),起誓,发出庄严的声音:这差不多是 respondere 字面上的意思。"①

"差不多从字面上讲……"他说。正如通常那样,对知识的求助就是诱惑本身。知识是诱惑,但这是在更加特殊的意义上说的,即在人们习惯(至少是习惯)于参照魔鬼或某种原罪时所相信的意义上说的。知识的诱惑,某种知识的诱惑,就是相信知道不仅仅是人们所知道的东西(这并不太严重),而且知道什么是知识,知道知识从结构上摆脱了相信或信仰。相信知识的诱惑,在此,比如对本弗尼斯特所说的宝贵权力的相信,不可能不带有某种担忧和某种颤栗。面对什么? 无疑是面对被承认的、合法和可尊重的科学,同样也面对本弗尼斯特(比如)用以突出可靠区分的利刀的坚定性,即毫不颤抖地借用这种权力。比如,在原义及其歧义、字面意义及其歧义之间,前者似乎正好不在这样确定的两点之间以几乎自动、机械、无意识的方式产生犹豫、不定和空白,而它正是这里的问题(比如回答、责任或宗教等等)。顾虑、犹豫、不定、矜持(因此还有面对应该保持神圣、圣洁或平安的东西:不受损害、免疫、廉耻、尊重、停止),这也是宗教要说的。这甚至就是本弗尼斯特认为通过

---

① 本弗尼斯特:《印欧语言与社会》,第 215 页,"La libation, 1: sponsio"条目。

参照古典时代这个词的"原义和通常的用法"所应该坚持的意义。① 不过让我们在援引本弗尼斯特的这段话时,强调其中出现令人遐想的"本来"、"字面"、"字面上差不多"这些词,最后还有那些所谓的"消失"和"保留"的"根本"的东西。我们所强调之处,在我们眼前构起一道鸿沟,在这些鸿沟的上面,有一个伟大的学者迈着沉静的步伐前进,一如他知道他在说什么,但他也承认:说到底他并不知道什么。而我们看得很清楚,这一切都在拉丁文的衍生之谜、在"史前希腊文和拉丁文"中进行。即在人们不再能把其作为宗教词汇孤立起来的东西中进行,也就是说在法律与宗教的关系中,在应许或补偿的祭祀的经验中,在一种让将来介入到现在,但是关于一个过去的事件的言语的经验中进行:"我向你保证这已经发生"。什么已经发生?谁处于这种情况下?一个儿子,你的儿子。正像下面这个美丽的例证。整个宗教:

> 应该用 spondeo 来考虑 re-spondeo。Respondeo 的原义以及与 spondeo 的关系直接来自帕拉乌吐斯(Plautus)②的一段对话(《俘虏》,Captiui,899)。食客厄加齐勒(Ergasile)为赫戎(Hegion)带来一个好消息:他的失踪很久的儿子要回来

---

① 同前,第269—270页。例如,"由此而来的是,宗教这个词就是'有顾虑'……这种用法在古典时期很经常。总之,宗教就是一种持续的犹豫,一种阻止的顾虑,而不是一种指引行动或激发去宗教礼仪的情感。我们感到,过去的用法在这个意义的使用上没有任何模糊不清,它只要求一种对 religio 的解释;那就是西塞罗在把 religio 和 legere 联系起来时所确定的意义。"

② 帕拉乌吐斯(公元前254—前184),罗马拉丁文诗人,戏剧家。他最大的贡献就是吸收希腊人的戏剧及其技巧,并使之适应罗马人的嗜好。——译注

了。赫戎应许厄加齐勒：如果他说的是真的，就应许永远供养他：

898　… sponden tu istud? ——Spondeo.
899　At ego tuum tibi aduenisse filium respondeo.

"这已经应许？——已经应许。——而我这方面，向你保证你的儿子已经到了"（埃尔诺译）。

这个对话是建立在司法的程序上的：一方的应许和另一方的再应许，由此构成相互担保的形式："我反过来向你保证你的儿子已经到达。"

由这种交互的保证（参照我们"répondre de（担保）"的表达）产生了"回答"这个词在拉丁文化已确立的意义。Respondeo，responsum 指诸神的代言人、祭司，特别是肠卜僧①，他们用应许作为对牺牲的报答，用担保作为对礼物的报答。这是神谕、祭司的"回答"。这可以解释这个动词的司法意义：respondere de iure（提供法律咨询）。法律家以其权限保证他所提供的意见的价值。

请注意日耳曼语中的一个对称短语：古英语 and-swaru（回答；英文为 answer 回答），哥特语 swaran（起誓，说出庄严的言语）：这从字面上讲差不多是 respondere。

这样，我们能够说明在希腊和拉丁的史前时代，宗教词汇

---

① 肠卜僧：指古罗马根据牺牲的内脏占卜的僧人。——译注

中极度重要的这个术语的意义，及其相对其它一般表明牺牲的动词，在 spend-根源上演变的意义。

在拉丁文中，原始意义的重要一部分消失了，但基本的一部分还保留着，那就是一方面规定 sponsio 的司法概念，另一方面规定了与 spondé① 这个希腊概念之间的关联。

32. 但是，宗教并不必然地追随信仰的运动，而信仰则是匆忙地走向对上帝的信仰。因为，如果"宗教"的概念从字面上讲意味着一种与罗马法相系的可分离、可同一、可外接的机制，那这种机制与信仰和上帝的基本关系并非自然而然的。那么，当我们说话时，**我们这些欧洲人**，在今天如此一致、如此融和于"宗教回归"，我们命名什么？我们意谓什么？人们模糊地把"宗教的"、宗教性与神明、圣洁、平安或不受损害的神圣性经验联系起来，这是否就是宗教？一种"起誓的信仰"，一种相信凭什么，又在什么限度内介入其中？反之，所有"起誓的信仰"，一般意义上的信用、信任并不是必然地属于"宗教"，即便宗教在其中与通常同样被视作"宗教的"两种经验相交：

1) 一方面，相信的经验（信仰活动中的相信或信用、信托或可靠、忠实，诉诸于盲目的信任，永远超出证据、论证理性、直观的验证）。

2) 另一方面，不受损害、神圣性或圣洁性的经验。

在此，我们可能应该在这两个"宗教的"脉络之中作区分（也可

---

① 本弗尼斯特：《印欧语言与社会》，第 214－215 页。本弗尼斯特强调的只是那些奇特的词以及"répondre de(担保)"的表达。

说是两个始源或两个来源)。无疑,我们能够把二者联系起来,并且分析它们可能的共同关系,但是,我们绝不应该如人们几乎总是坚持的那样,把二者相互混淆或相互归结。原则上讲,无须实行信仰的活动,以各种不同方式圣化、神圣化"不受损害"或坚持神圣-圣洁的在场也都是可能的,如果至少相信,信仰或忠实在此意味着在他者——不可能进入其绝对根源的完全他者——的见证下的承诺。反之,如果这种承诺超越了那些让人看到、触摸、证明的东西的在场,那它自身的神圣化并不是必然的(一方面应该关注并探询勒维纳斯提出的神圣和圣洁之间的区别,另一方面,应该关注并探询这两种不同的宗教来源互相混合的必然性,而永远不用简单地回归到同一个来源上面,如果可以这样说的话)。

33. 我们于是聚集在卡普里,**我们这些欧洲人**,被给予了不同语言(意大利语、西班牙语、德语、法语),在这些语言中,我们应该相信,同一个词"宗教"要说的是同一件事情。至于这个词的可靠性,我们的推断大体上与本弗尼斯特相同。本弗尼斯特在我们现在引用的有关"sponsio"的条目中,的确相信有能力认识和突出他所谓的"宗教词汇"。然而,关于这方面,一切尚待讨论。如何联系各种话语并使之互相协作?更恰当地说,正如我们有理由曾经说明的那样,如何联系那些试图相应于"什么是宗教?"问题的"话语实践"并使之相互协作?

"什么是……?",也就是说,一方面,宗教从本质上讲是什么?而另一方面,它现在(现在时直陈式)是什么?在当下,在今天,在现今世界上,它在做什么?我们拿它做什么?对于这些词——是、本质、现在、世界——中的每一个,我们有多少方法为这个问题准备一个回答,那回答就必需有多少方法,就有多少方法把它先设定或先规定为宗教。因为,这可能就是一种先规定:尽管我们对宗教知之甚少,我们至少知道宗教总是回答和规定的责任,在纯粹和抽象的意志的自行活动中,它并不能自由选择。它无疑意味着自由、意志和责任,但是让我们努力思考一下这没有自主的意志和自由。涉及到神圣性、牺牲性或信仰时,他者构成法律,他者就是法律,并且要回到他者。回到所有他者,并且回到整个他者。

所谓的"话语实践"回答了几种类型的计划:

1) 确保词源学上的出处。对此最好的说明是由对 religio 这个词的两个可能的词源学上的来源的分歧意见所给出的:a) relegere, de legere(接待, 聚集);西塞罗的传统一直延续到 W. 奥托、J.-B. 霍夫曼、本弗尼斯特;b) religar, de ligare(连接, 再连接)。这个传统从拉克坦斯①和德尔图良延续到克贝尔、埃尔诺②-梅叶③、波利-维索瓦。词源学从来不作为法律并且只是在让它思考自身的条件下才使人思考,这样我们要在下面规定这样区分的两个来源的相互关系或共同负担。两种语义源泉可能互相交织。二者互相重复,甚至并不远离那些实际成为重复根源的东西,也就是成为"同一个"的分裂的东西。

---

① 拉克坦斯(260-325),拉丁文修辞学教师。在公元300年皈依基督教。
② 埃尔诺(1879-?),法国拉丁语学者,索邦大学、法兰西公学教授。写过大量关于拉丁语的著作。
③ 梅叶(1866-1936),法国语言学家,通晓多种印欧文字。和埃尔诺合作(1932)纂写《拉丁语词源大字典》。

2）历史-语义的脉络或谱系的研究会规定一个宽广的领域，这个词的意义在这个领域中经历历史变迁和制度结构的验证：各种宗教的历史和人类学，比如尼采风格的，本弗尼斯特风格的，本弗尼斯特把"印欧的机构"视作意义或词源学的历史"见证"。不过，单靠词源学自己是不能对于一个词的真正用法做任何证明。

3）于是，更加结构化，也更加政治化的分析，首先关注的是实践性和功能性的效果，这种分析毫不犹豫地分析词汇在下面情况下的用法或使用，这时，面对新的规则，面对未曾说过的循环、前所未有的语境，话语让词语和意义摆脱所有古老的记忆或已定的始源。

这三种方法，从不同的观点看，似乎都是合法的。但是，即使它们如我相信的那样，回答不容置疑的命令，我的临时假设（展开这个假设要更加谨慎，以至我不可能用这样少的篇幅和时间充分地加以证明）就是，在此，在卡普里，最后的类型应该占统治地位。它不应该排除其它的类型；那会导致太多的荒谬性。但是应该重视的是：今天在世界上，使"宗教"这个词的使用以及人们联系于这个词的经验个别化的诸种征象之物，在"宗教"中，没有任何记忆和历史能够足以宣告它或者与之相似，至少最初是这样。因此，我必须发明一种公式、一种话语机器，如果愿意这样说的话，而话语机器的结构不仅仅在一个指定的时-空中满足这三种要求，满足至少我们感到是不容置疑的每一个命令，而且以某种速度，以严格限度内被规定的节奏，给出这三种要求的等级和缓急程度。

34. **词源学，演变脉络，谱系学，语用学。** 我们在此不可能进行所有的对必要的区分来说是必须而又极少得到重视或实践的分析。这样的分析数量可观（宗教/信仰、相信；宗教/慈悲；宗教/崇拜;宗教/神学;宗教/一神教;宗教/本体神学;或还有宗教的/神圣的-要死或不死的;宗教/神圣-平安-圣洁-不受损害-免疫)。但是,在这些分析中、之前或之后,我们都验证了我们认为的一种几乎是先验的优先性,即一方面是信仰的经验(承诺、血脉、信任、在见证的经验中完全相信他者的诚意),和另一方面是神圣性,甚至是圣洁性、健康而平安的不受损害的经验之间的区分的优先性。这正是两个不同的来源或家园之所在。"宗教"体现了二者的隐晦、两可,这是因为宗教包含两个家园,同时也因为有时候宗教以秘密和矜持的方式对这两种家园的不可还原的二元性保持沉默。

无论如何,"宗教"这个词的历史原则上应该禁止任何非基督徒来命名"宗教",为的是辨认出其中"我们"将如此指定、认同以及分离出的东西。为什么在此明确地说"非基督徒"?换言之,为什么说宗教仅仅是基督教的概念?为什么说,不管怎样问题都值得提出来,论题都值得严肃对待?本弗尼斯特也说,对我们所谓的"宗教",在印-欧语言中,没有相应的"共同"术语。印-欧民族并不把本弗尼斯特称之为"宗教的无处不在的现实"看作为"一种个别机构"。今天,在这样一种"个别机构"没有得到承认的任何地方,"宗教"这个词就仍然是不恰当的。并非总是有过、总是或到处都有,所以将来总会并到处("在人那里"或别处)都会有某种东西,某种统一并可同一的东西,与自身同一的东西,而这种东西无论是宗教的还是非宗教的,所有人都一律称其为"宗教"。然而,有人说,必须好好回答这个问题。在拉丁语中,"religio"的起源实际上曾经是引起无限争论的一个题目。争论在两种阅读或两种教诲,因此也就是两种来源之间:一方面是西塞罗的证明文章,relegere,似乎就是具有语义和形式上的承脉:为了回归和重新开始而接待,有顾忌的关注、尊重、耐心,甚至廉耻或慈悲都由"religio"而来;而另一方面(拉克坦斯和德尔图良)是 religare,是本弗尼斯特[①]所说的

---

① 本弗斯尼特:《印欧语言与社会》,第 265 页及以下诸页。印欧词汇不拥有任何"宗教"的"共同术语",并且始终坚持"宗教概念的本性并不适合于一种唯一及恒常的称谓。"与此相关的是,要这样与我们试图回顾性地确认于此名字下的东西相遇,即和一种相似于我们称之为"宗教"的机构的现实相遇就有些困难。总的来说,要在一种可分离的社会实体形式下找到这种东西会有困难。另外,当本弗尼斯特建议只研究两种术语,即希腊语和拉丁语的术语时,他说,这两种术语"能够被视作'宗教'的对等词",我们应该反过来强调两种意义特征、两种悖论,甚至两种逻辑陷阱:

1. 本弗尼斯特是预设了"宗教"一词的确切意义,因为他允许自己认同这个词的"对等词"。然而,我似乎觉得他在任何时候都没有主题化这种前理解或这种预设,也没有对它们提出疑问。甚至没有任何东西允许他眼中的"基督教"的意义在此提供指导性参考这样的假设,因为他自己说:"基督徒发明的 religare(联系,义务)的解释从历史观点看(是)错误的。"

2. 另一方面,当在希腊文 thrēskeia("崇拜和慈悲,恪守宗教礼仪",过了很长一段时间之后成为了"宗教")之后,本弗尼斯特研究——这是一对术语中的一个——religio 这个词时,只是把它当作"宗教"的"对等词"(即不能说是同一的词)而研究的。我们就面对的一种荒悖的处境,而本弗尼斯特自觉或不自觉地处理"对等词"的双重和困难的用法,在隔页极好地描述了这种处境。我们引之如下:

a. "我们只研究两个术语(thrēskeia 和 religio),一个是希腊文,一个是拉丁文,二者都被视作是'宗教'的对等词"(第 266 页)。这是能够概而视作其中一对等词的两个词。在下面,其中之一被说成是世界上没有其对等词,或至少在"西方语言"中没有,以此,它"在所有方面都是无比重要的。"

b. "我们现在回到第二个在所有方面都是无比重要的术语:即拉丁文 religio,在所有西方语言中,它始终是一个唯一及恒常的词,从来没有任何对等词和替代词能够加在它上面"(第 267 页)。这是"原义"(西塞罗证明了),这些是本弗尼斯特希望辨识出的这个词的"专有及恒常的用法",而这个词总的来说是一个对等词(在其他词之中,但没有对等词!)(第 269,272 页),这个词总的来说只能由它自身,即由一个没有对等词的对等词所指定。

归根结底,这难道不是"宗教"的最不坏的定义?无论如何,在这点上标志本弗尼斯特的逻辑或形式无果的东西,可能就是最忠实的思考,甚至是"人类历史"中实际发生的一切之最戏剧化的征象,以及我们在此称之为的"宗教"的"世界一体化"。

"基督徒发明的"词源学,它把宗教和关系联起来,更明确地说是和人与人、人与上帝之间的义务、纽带、任务、债务等等相联。在另外的地方,在论及另外的主题时,还会涉及根源和意义(我们和这种二元化没完没了)的分化。这场关于 religio 的词源学的然而也是"宗教的"两个来源的争论,无疑是激动人心的(当被讨论的二者之一是基督教的时候,讨论涉及激情)。但是,无论这场争论的意义和必要性怎样,对于我们来讲,这样一种纷争的收获是有限的。首先因为从起源上讲,什么都没有解决,我们刚刚提出过这一点。① 其次,争论的两种词源又被引至同一个,并且以某种方式被引到重复的可能性,这种可能性在肯定同一个的时候进行创造。在这两种情况下(re-legere 或 re-ligare),总有一种首先与自身相联的持续关系,还有一种聚合、再-聚合、再-收集,以及从一种反抗或反应到一种分离,到绝对的相异性。"再收集",这是本弗尼斯特②主张的译法,他是这样说明的:"重新作选择,回到先前的步骤上去",由此产生"顾虑"的意义,但也产生选择、阅读、挑选、理智的意义,选择性若没有收集性和再收集性的关联就没有意义。最后,可能应该在神秘的"再-"所标志的自我的关联中试图重新把握这些不同意义(re-legere,re-ligare,re-spondeo,本弗尼斯特由此而分析他在别处也称之为的和 spondeo 的"关系")之间的过渡。我们能够用来翻译这个"re-"的共同意义的所有范畴并不能满足需要,首先因为它们重-引入了有待定义的东西,而这种东西好像在定义中已经

---

① 参见本书 33 节,1 和 2,45 - 47 页。
② 本弗尼斯特:《印欧语言与社会》,同前,第 271 页。

被定义了。比如,就像本弗尼斯特所说的那样,做出似乎知道这样一些词——重复,再把握,重新开始,反思,再选择,再收集,总之就是宗教,"顾虑",回答和责任——的"原义"是什么的样子。

无论人们在这场争论中采取什么立场,都会把全部"宗教回归"的现代问题(地缘-神学-政治的)归结于对这双重拉丁来源的忽略。谁不承认这种双重来源的合法性和基督教的优先价值,而这种优先价值被置于了所谓的拉丁性的内部,谁就应该拒绝这样一场争论的前提本身。① 与此同时,应该试图思考一种处境,在这种处境中,就像曾经发生过的情况那样,可能不会有,就像原先不曾有"对宗教而言是共同的印-欧术语②"那样。

35. 然而,**必须好好回答**。不要等待,不要等待太久。开始,毛里齐奥·费拉里斯在卢滕西亚(Lutetia)对我说:"应该,我们应该为卡普里的聚会选一个主题。"我几乎毫不迟疑、不由自主地提议——绝无保留地——说:"宗教"。为什么?它从何而来,而且还是不由自主地?一旦主题确定,各种讨论就即席进行,在两次深夜的漫游之中进行,而两次漫游都是走向位于维苏威火山和卡普里之间的法拉格里奥纳(Faraglione)(詹森把法拉格里奥纳——格拉迪瓦(Gradiva)可能也回到此处过——名之为南部的光之幽灵,无阴影的阴影,这些幽灵比岛中所有的伟大幽灵都更美丽,也像格拉

---

① 这无疑是海德格尔应该做的,在他眼里,"宗教回归"的声称只不过是要求对"宗教"进行罗马式的规定。"宗教"是和国家的统治权利和观念并行的,而二者本身与"机器时代"不可分离(参见上文 18 节,注 2,20 页)。

② 本弗尼斯特:《印欧语言与社会》,同前,265 页。

迪瓦所说的那样,很久以来就更加"习惯"于"死亡")。那么,我应该在事后对这样回答问题进行解释:为什么我能够一下子不由自主地就说出"宗教"之名?而这个解释今天成为我对宗教的——今天的宗教——问题的回答。因为,不言而喻,这曾经是一种荒唐事,我永远不会提议一般地或从本质上去论述宗教本身,而只是主张论述一个困扰我们的问题,一种共同的忧虑:"今天,它,我们这样称呼的东西到底发生了什么?什么导致这种发生?谁如此糟糕地趋向宗教?谁带着这个古老的名字去那里?什么东西会以这个名字一下子突现或回到世界上来?"当然,这种问题的形式不能与根本的问题分开(本质上就是宗教本身的观念和历史,以及人们称之为"宗教"的东西的观念和历史)。但是,在我看来,对它的接近最初本来应该是更直接、全面、广泛、即时、自发、毫不设防,几乎具有被迫发送简要新闻公告的哲学风格。我给费拉里斯的回答几乎是不假思索的,这个回答也从遥远的地方回到我这里,且从炼金士的洞里就开始回响,而宗教一词过去就是炼金洞深处的一种沉淀。"宗教",这是个人们不知道是什么或是谁说出的特殊的词:可能是所有的人,是国际联播频道上的电视新闻,是如人们相信自己看到的那样的世界上的一切,是世界的状态,是作为世界进程那样存在的一切(上帝,总之是上帝的同义词,或如此这般的历史,等等)。重要的问题今天又一次、今天终于、今天别样地仍然还是"宗教"问题,而且,就是某些人急于要称作宗教"回归"的东西。这样谈论事情,并且为了确信知道我们说的是什么,我们开始什么都不明白了:正如宗教、宗教的问题就是能够回来的东西,那些突然出现的东西一下子动摇了人们认为知道的东西,人、土地、世界、历史就这样落入人类学、历史或人文科学或哲学的完全不同的形式,甚至"宗教哲学"的标题之下。这是第一个应该避免的错误。这是典型的错误,并且我们可以举出各种例证。如果存在一种宗教问题,那它就不应再是一个"宗教-的-问题",也不单纯地是对这个问题的回答。我们将会看到宗教的问题为什么、在什么地方首先成为了问题的问题。成了问题的始源和问题的边缘——一如成了问题的答案。当人们相信在学科、知识或哲学的名下能把握这个问题,那就迷失了"事物本身"。然而,尽管这个任务是不可能的,一种要求还是向我们提出来:这种话语,必须简洁地,用数量有限的词来把握它、使用它或让人们"把握"它。这是出版要求的经济。但是,为什么总是数量的问题,本来有10个要求,随后却繁衍成那么多、那么多?在这里,当人们要我们沉默地谈论这一问题时,恰当的省略会在什么地方?缄默又会在什么地方?省略、沉默的形态及因缄默导致的"不语",是否就是宗教呢(我们下面还会谈到这一点)?多家欧洲出版社联合起来要求我们用几页纸的篇幅讨论宗教,一篇严肃的宗教论文要求建立法国和世界的新图书馆,这在今天并非是那么可怕的事情,尽管不相信会有任何新的思考,人们满足于对其认为知道的东西的记忆进行回忆、存档、分类、备案。

信仰和知识:在相信知道和知道相信之间,交替并不是游戏。我曾经说过,我们应该像选择一架机器、一架坏处最少的机器那样,在一定篇幅内,以准格言的形式来分析宗教:人们要求——应该说是专断地要求——我们用25页或稍多一些的篇幅去拆解25,或改变25的两个数字之一的位置使之成为另一个数字,因而就有52个长短不一的段落,就有同等数量的"地下小教堂"散落在一块并不同一的场地中,但这是一块我们已经接近的场地,它就像我们不知道是否荒芜的一片沙漠,就像废墟、煤矿、水井、小酒窖、衣冠冢和播种的场地。但这是非同一的场地,甚至不像一个世界("世界"这个词的基督教的历史,已经让我们有所戒备,世界,既不是天地,也不是宇宙和尘世)。

36. **在一开始**,题目要定成我的第一句格言。它与两个传统的题目相关联,并且和二者一起达成共识。通过发展如果不是它们的否定的或无意识的东西,至少也是在不知道它们的"意谓"(vouloir-dire)的情况下所能够让人谈及宗教的逻辑,我们改变二者的形式,并把它们带到了别处。在卡普里会谈开始时,我曾经即席谈到过光线,谈到岛的名字(谈到确定日期的必要性,也就是根据一个地点、一个拉丁地点,在其时间和空间中为一次特定会谈命名的必要性,这个地点是卡普里,它既不是德洛斯、帕特莫斯,也不是雅典、耶路撒冷和罗马)。我曾强调过光,强调过所有宗教与火和光的关系。存在启示的光和启蒙的光。光,phôs,启示,我们宗教的起源和始源,照相的瞬间。问题,要求:鉴于今天和明天的启蒙,在其它启蒙(Aufklarung, illuminismo, enlighetenment)的光照下,如何在今天思考宗教,而又不割断哲学传统?在我们的"现代性"中,上述传统以典范的方式,在命名宗教(本质上是拉丁)的书名中被表达出来,我们下面要说明为什么。首先,是在康德的一本书中,在若不是启蒙,也是 Aufklarung(启蒙)的时代和精神中:《纯然理性限度内的宗教》(1793)也是一本论述根本恶的书(今天,何为理性,何为根本恶?如果"宗教回归"与至少是根本恶的某些现象的回归——有一次是现代或后现代的——有关系，那么，根本恶摧毁还是建立宗教的可能性？）。后来，有了伟大的犹太-基督徒柏格森，有了他的《道德和宗教的两个来源》(1932)，在两次世界大战间，在事件发生前夕，我们知道我们尚不懂得思考这两者，对于它们，世界上的任何宗教，任何宗教机构都不陌生的，任何宗教都可保持不受损害、免疫和健康。在这两种情况下，问题难道不正如今天一样，是要思考宗教、宗教的可能性，也就是说思考宗教永恒的不可避免的回归吗？

37. 你们说："思考宗教？"好像这样一个计划并没有事先消解问题本身。如果人们坚持说宗教严格说来是可思考的，即便思考不是看，也不是知道和设想，那么，人们是预先就对宗教表示了尊敬，而事情多少会在近期得到确定。在像谈论机器一样谈论这些评论的时候，我已经被一种有节制的欲望抓住：期望尽快把《道德和宗教的两个来源》著名的结论导向着另一个地点，另一个话语，另一种论证。我不排除这可能总是一种曲译，一种不太严格的形式主义。我们还记得这些话："……作为制造诸神的机器的宇宙，有必要努力在我们这个不驯服的地球上实现它的普遍功能。"如果让柏格森谈论和他曾经想要说的不一样，而又可能是被秘密规定的东西，那会发生什么事情呢？如果不管他意愿如何，他已经根据犹豫、不定、顾虑、后退的运动（西塞罗为了定义宗教的行为或存在而用 retractare 一词）——可能，宗教的两个来源（两个渊源，两个根基）就在于此——为一种有征兆的抗拒留下一块地盘或一个通道，那又会发生什么事情呢？可能人们会赋予这样的假设以一种双倍自发的形式。"自发的"在此可以说有某种"神秘"的意义。神秘和秘密的,那是因为在这种自发性,这种不可避免的自动性创造并再创造那与家庭(heimisch, homely)、家庭的(famillier)、家务的(domestique)、本义为家务学和家政学的家产(oikos)、习俗(éthos),以及居住地既脱离又连接的东西的限度内,是不可理解、陌生的,同时也是熟悉的。这种作为反思的几乎自发、非反思的自动性,仍然重复抽象和诱变的双重运动,这种运动同时要脱离和连接国家、方言、字面或今天被模糊聚集在"认同"名下的一切:根据我们应该在后面归纳的逻辑,即自动免役的不受损害的逻辑,用两个词表示同时被剥夺和重新拥有、拔根和重新扎根、曾经占有的东西。

在如此平静地谈论今天的"宗教回归"之前,确实应该用一个东西来解释两件事情。而每次涉及的都是机器,电讯机器:

1)所谓"宗教回归"(一种复杂和复因决定的现象的涌现)并不是一种简单的回归,因为其世界性和其各种面貌(电讯-技术-媒介-科学的,资本和政治-经济的)始终是始源的,是前所未有的。而且这不是一种宗教的简单回归,因为,它包含了对宗教(严格地说,这是罗马的和国家的,它们体现了欧洲的法律,而所有非基督教的"原教旨主义"或"基要主义"所进行的战争基本上都是对着它们的,当然也有某些东正教、新教,甚至天主教形式的战争)的一种彻底解构,而这是其两种倾向之一。还应该说,面对这些,宗教的另外一种确定的自我解构,我冒昧地说是自我免疫,可能在所有"和平主义"和"基督教所有教会合一运动"的、"天主教"或非天主教的计划中活动,这些计划呼吁"同一上帝的子民"实现普遍的兄弟之爱与和解——特别是当这些兄弟们属于亚伯拉罕宗教的一神

教传统时。而让这种和平运动摆脱双重前景(其一隐藏或分化另一个),总是非常困难的:

a) 上帝之死之神性虚无(kénotique)的前景和人类学的再-内在化(人权和人的生命生权先于对在神之前所立的约的超验的和绝对的真理所承担的义务:亚伯拉罕可能会拒绝牺牲他的儿子,不再考虑曾经有过的那种疯狂)。当我们从宗教品级机构的官方代表者那里听到谈论——始于最媒体化、最世界一体化和罗马化的代表即教皇——这样一种"基督教合一运动"的和解时,我们也(不是仅仅,而是"也")听到某种"上帝之死"的宣告或提醒。我们有时甚至感到他只在说这些——通过他的嘴说。上帝的另外一种死亡纠缠着使之获得活力的受难主。但人们会说,差异何在? 这的确是个问题。

b) 这种和平宣言,在通过其它途径进行战争时,在最欧洲-殖民的意义上说,它还可能掩盖一种和平行为。因为正如通常的情况那样,这种宣言来自罗马,它首先企图——首先在欧洲,对欧洲——偷偷摸摸地强加上一种话语,一种文化,一种政治和一种法律,企图把这些强加给其它所有的一神教,包括那些非天主教的基督教。而在欧洲之外,关键在于通过同样的模式和同样的法律-神学-政治文化,以和平之名强加一种世界一体化。如上所述,世界一体化从此变成为欧洲-英-美的"方言"。因为人口的不均衡不断地威胁外部霸权,只留给后者一种国际化的策略,上述任务就显得更加刻不容缓并值得讨论(对我们时代来说,是宗教的不可计算的计算)。这种战争或和平化的场地从此变得没有限制:所有的宗教、宗教的权力中心、宗教文化,以及它们所代表的国家、民族或种族在进入同一个世界市场时,肯定是不平等,而且经常是直接的和潜在的没有限制的。它们作为世界市场的创造者、行为者和被逢迎的消费者,时而获利,时而受害。这是进入电讯和电讯-科学技术的国际网络(跨民族和跨国家)。每当"宗教"伴随甚至先于批判理性和电讯-技术科学理性,它就会像对自己的影子那样关注理性。宗教成为理性的守护者,成为光本身的影子、信仰的保证、可靠性的需要、所有共享知识的创造所预设的可靠经验,以及所有技术科学中——就如同在与之不可分离的资本经济中一样——的检验行为。

2)这同一运动以其最具批判性的形态使得宗教和电讯-技术科学理性不可分离,它不可避免地作用于自身。这种运动分泌其特有的解毒剂,但也分泌其特有的自我免疫力。在此,我们处在这样一个空间里:在这个空间,任何免疫(immune)、健康、平安和神圣的自我保护都应该抵抗其本己的护卫、警察、否定的权力,一句话,就是反对其本己免疫性的本性。正是这免疫(immune)①的自

---

① "immune"(immunis),就是免除负担、服务、赋税、义务(munus,是communauté中commun的词根)。这种免除随后被转到制宪或国际法律(议会或外交豁免)。但是,这种免除也属于基督教教会的历史和教会法。教堂(这里指的是古时巴黎由圣殿骑士团驻扎的教堂)豁免权,也是某些人可能在其中得到庇护的豁免(伏尔泰认为这种"教堂豁免"是"蔑视法律"和"教会野心"的"不公正的例证",因而对之气愤不已)。乌尔班八世创立了"教会豁免"的圣会:反对赋税和劳役,反对共同法庭(所谓良心的特权)和警察搜查,等等。Immunite这个词尤其在生物学领域中发挥了其权力。免疫反应通过制造抵抗外来"抗原"抗体来保护身体不受伤害。至于我们这里特别关注的自我免疫的过程,我们知道,对于活的有机体来说,根本在于通过破坏其免疫防护而自我保护。由于这些抗体现象发展到病理学,人们越来越求助免疫-抑制的积极功效,这种功效在于限制排斥机制,以便促进移植器官的融合,我们赞同这种扩展,并且将讨论一种自我-免疫的普遍逻辑。在我们看来,这种逻辑,对于今天思考信仰和知识及宗教和科学的之间的关系是必不可少的,对把其当作两种普遍的根源来思考是必不可少的。

我-免疫的令人恐惧而又致命的逻辑,将永远把科学和宗教联结起来。

另一方面,批判和电子-科学技术理性的"启蒙"只能够设定可靠性。启蒙应该启动一种不可还原的"信仰",即一种"社会关系"或"起誓"的、见证的信仰("我向你保证超出所有证明和所有理论论证的真理的存在,相信我,等等"),这就是说,一种达至谎言或伪誓的应许的语言行为,若没有它,任何对他人的言语交流都是不可能的。没有这种基础信仰的语言行为经验,就不会有"社会关系",也不会对他人讲话,也不会有任何普遍的语言行为:没有习俗,没有机制,没有宪法,没有集权国家,没有法律,特别是没有创造语言行为的结构性行为,这种行为一开始就把科学共同的知识与行为,把科学与技术联系起来。如果我们在此有规律地谈到技术科学,那不是因为对一种当代成见的让步,而是比以往任何时候都要更明确地提醒:我们现在已经知道,科学行为从本质上渐次成为一种实际干预和技术行为。也是由此,这种科学行为玩弄地点,发挥各种距离和速度,使之移动,离远或靠近,实显或潜在,促进或放慢。不过,这种电讯技术科学的批评在哪里发展,就会在哪里发挥这种至少具有宗教本质和天性(基本条件,若不是宗教本身也是宗教人士的圈子)的基础信仰的可靠信用。我们说可靠,谈到信用或可靠性,是为了强调:这种基础信仰行为也支持根本上是电讯-技术科学的经济和资本的合理性。任何计算、任何担保都不可能还原出这种合理性的最终必要性,即证明性的必要性(其理论并不必然是一种主体的理论,并不必然是意识的或无意识的人或"我"的理论)。由此采取行动,也就是提供理解这样一个事实的途径:今天,从原则上讲,在所谓的"宗教回归"中,"原教旨主义"、"基要主义"及其政治与另一方面的合理性,即在所有媒介和世界化领域中的电讯-技术-资本-科学可靠性之间,并非不可相容。这种所谓"原教旨主义"的合理性也可能是超批评的①,甚至面对至少类似批判行为的解构极端化的东西毫不退让。至于人们如此经常、如此容易并正当地在这些"原教旨主义"和"基要主义"中揭示出的无知、非理性或"蒙昧主义"的现象,那常常是剩余、表面的效果,免疫、免疫或自我-免疫的反应性的反应废物。这些掩盖了一种深层的结构或(然而也是同时掩盖)一种自我恐惧,一种针对人们与之部分相连的东西的反应:电子-技术科学机器不断制造的解体,剥夺所有权,迁徙,拔根,取消方言和剥夺(在所有的领域,特别是在性领域——男性生殖器领域)。仇恨的反应通过分解而把这种运动与其自身对立起来。这种反应就这样在既是免疫又是不受损害的运动中自我避免损伤。对机器的反应和生命本身一样是自动的(或因此说是下意识的)。这样一种拉开距离的内部分裂也是宗教的本质,这使宗教适应其"本质"(因为这个本质也是不受损害、圣洁、神圣、平安、免疫,等等),这使得宗教的圣洁适应所有合适的形式,使得在"文字"中的语言方言适应土地和血统、家庭和民族。这种

---

① 至少"原教旨主义"或"基要主义"的某些现象(特别是在伊斯兰教中)证明了这点,这种倾向在今天代表着世界人口中非常大的一部分。其最明显的特点已举世所知,如人们认为其为狂热、蒙昧、暴力、恐怖主义、压迫妇女等。但是人们常常忘记了,伊斯兰教尤其在其与阿拉伯世界的关联中,并通过对技术经济的现代性做出激烈的免疫性反应(其数千年的历史妨碍其接受这种现代性),也激烈地批评了把现实的民主(包括其局限,其概念及其实际力量)和市场、和技术科学理性联系起来的做法,而这种理性在其中居于支配地位。

同时是免疫和自我免疫的内在而直接的反应性,能够单独解释所谓双重和矛盾的宗教现象的涌现。涌现这个词为说明一种潮流的双重性而强加在我们身上,这种潮流占有它自己似乎反对的东西,同时又与之纠缠——同时又可能在恐惧和恐怖主义中对护卫它的东西、对它自身的"抗体"大发雷霆。这种涌现,由于与敌人联系,寄居于各种抗原之中,引着他者和自己在一起,从而不断发展,并且充满了敌对的力量。从那个我们不知道是哪个岛的海边开始,我们认为无疑在其自发的、不可抵挡的自动膨胀中看到了这种涌现的到来。但是我们却相信它的到来是没有方向的。我们不再肯定看见,不再肯定在人们看见它到来的地方仍然存在着将来。将来既不容忍预见,也不容忍天意。将来,我们在这种涌现中被困囿并被突然发现,而不是真正被带走——我们要思考的正是这种涌现,如果人们仍然能够在此使用这个词的话。

今天,宗教与电子-技术科学相联系,并尽其全力对之做出反应。一方面,宗教是世界化,它制造、联系、使用远程媒介的资本和知识:以这种节奏,教皇的旅行和在世界上引起的轰动,"拉什迪事件"的国际影响,世界恐怖主义,都不可能是另外的样子——我们能够无限地举出更多这样的标志。但是另一方面,宗教立刻作出反应,与此同时,它对只是在把它从其所有的特有的地点,实际是从地点本身,从它的真理的发生之中赶走时,才赋予它这种新权力的东西发起战争。它和根据这种矛盾的双重结构(免疫和自我-免疫)只是在威胁它时才保护它的东西展开了可怕的战争。不过,这两个概念或两个来源之间的关联是不可避免的,因此也就是自动的和机械的,其中之一采取机器的形式(机械化,自动化,诡计或

mekhane①），而另一个则采取生命的自发性、生命的不受损害特性的形式，也就是另外一种（所谓的）自我规定。但是，自我免疫纠缠着共同体及其固有可能的双重的免疫的体系。若没有自我-免疫的风险，那在最自主的生命存在中，就不会有任何东西是共同、免疫、健康和平安、不受损害的。风险总是两次负载同一个特定的风险。两次，而不是一次：威胁的风险和机遇的风险。简言之，应该担当，也可以说担保这种根本恶的可能性，没有它，我们就不能好好作为。

……还有榴弹

（这些被提出来的普遍假设和规定，适应的范围应该是越来越狭窄，在一种更加一个接一个、更加分散、格言式、断裂、并列、教条、陈述或潜能、经济，一句话，在前所未有的电报化的形式下，让我们把 15 种命题当作宗教的外围问题来讨论。）

38. 即将来临的有关将来和重复的话语。警言：没有遗产和重复的可能性，就没有任何将-来。若没有至少是与自我联系、并肯定始源的"是"的形式的某种重复性，就没有任何将-来。若没有对一种比任何宗教都古老，比任何救世主降临都要始源的"降临性"的某种记忆，就不会有任何将-来。若没有基础应许的可能性，

---

① 希腊文。原指一种简易的、由手工操作的吊车，用以送神，偶尔也送人。所谓"机械送神"是指神的突然出现和调解，也指突然出现的事物。——译注

就不会有话语和致辞他人。咒誓和未践的应许要求同样的可能性。没有对"是"的肯定的应许,就不会有应许。这个"是"将意味或将永远意味着信仰的可靠性或忠实性。因此,没有一种意味着技术、机械和自动的重复性,就不会有信仰,也不会有将来。从这个意义上讲,技术是信仰的可能性,也可说是信仰的机会。而这种机会,自身应该包括最大的风险,包括根本恶的威胁。换言之,机会之所以成为机会,不会是由于信仰,而是由于计划和证明、预言性或神意、纯粹的知识和纯粹的能力,也就是对将来的取消。因此,不应该如人们几乎从古至今所做的那样,把上述这些对立起来,而是要从总体上把机械和信仰当作唯一和同一的可能性来思考,同样也把机械和神圣-圣洁性(健康、平安、不受损害、无触动、免疫、自由、活跃、多产、丰饶、强壮,特别是充盈——人们将会看到这一点)中的价值,更确切地说是男性生殖器崇拜所导致的神圣-圣洁性中的价值看作是唯一和同一的可能性。

39. 这种双重价值,难道不是在其差异中意味着一种男性生殖器像,或不如说是男性生殖器崇拜——男性生殖器像的效果,而这又不一定必然是人的木己木质吗?这难道不是男性生殖器像的现象、幻影和日子之所在吗?但同样,因为重复性或复制性规律能够使其脱离其纯粹和本己的在场,这不就是它的幻影,不就是希腊语所说的它的鬼魂,它的幽灵,它的复制品或保护神之所在?这难道不是阴茎勃起的巨大自动性(生命最大限度地保留完整,免受损伤、免疫和平安、神圣-圣洁的部分)?同样,这难道不是因其反应特性而成为它所代表的生命的最机械的部分,与之最为分离的部分？男性生殖器崇拜，和阴茎不同，一旦脱离了自身身体，不也就成为这种人们所树立、展示、膜拜，并使之游移于过程之中的偶像吗？在此，人们不正是坚持一种潜在性的潜在性，一种相当强大的逻辑力量或潜能，为的是通过不可计算的计算，认识到是什么把远程-技术科学，这种为生命服务的生命之敌与宗教的来源联系起来吗？而宗教的来源是否是这样一种信仰：即相信死者是最有生命的，并且是在其幽灵幻影中再生的超-生者，是圣洁、健康、平安、不受损害、免疫、神圣的人，一句话，可用神圣(heilig)这个词表示的一切？这再一次成为一种崇拜或一种普遍化了的拜物文化、一种无限制的拜物教、一种对物本身的崇拜。人们可以无拘束地在不受损害——圣洁、神圣、健康和平安——的语义学谱系中阅读、挑选和联接所谓的力量、生命的力量、富饶、发展、提高，尤其是阴茎勃起和怀孕①中的膨胀。简单说来，在此提醒人们注意在那么多

---

① 让我们在此一个一个地提出未来工作的前提。我们首先还是借助《印欧语言与社会》的内容丰富的条目中对这些前提进行详尽的研究，这个条目在恰当地指出某些"方法的困难"之后，分析了神圣和圣洁的概念。确实，在我们看来，这些"困难"比本弗尼斯特所认为的——尽管他承认"渐渐看到研究对象正在消解"的危险——更加严重和更加重要。本弗尼斯特还通过保持"原始意义"上的崇拜（宗教本身和"神圣"），实际上在他研究的方言、脉络和词源学的一切复杂网络中，认出了一个重复和持续的主题，即"多产性"、"强壮"、"强大"的主题，特别是在"膨胀"的形象或想象图式中。

请允许我们摘用一段长文，并且让读者回到整个文章的余下部分："形容词 sūra 不仅意味着'有力'，还是一些神，某些诸如查拉图斯特拉这样的英雄，某些诸如'曙光'这样的概念的形容词。在此，比较与同一起源有亲缘关系的词这种形式就起作用了，而这些形式提供给我们原始的意义。梵文动词 śu-śvā-意味着'膨胀'，'增长'，意味着'有力'和'繁荣'。由此而来，sūra 意味着'有力量'，'强壮'。在希腊文中，同样的概念关系联结着两个方面：一方面是 kuēin'怀孕，在腹中'的现在时，kuma'膨胀(浪头)，激流'的名词形式，另一方面是 kûros'有力量，至高权力'，kúrios'君王'。这种比较显示了'膨胀'原初意义的一致，并且显示了这三种语言的每一种当中'膨胀'意义各自的演变……

宗教的中心都广为人知的所有的男性生殖器崇拜及其现象，是远远不够的。三大"一神教"在这种圣洁的体验中记下了它们之间根本的关联和应答，这种体验总是一种"割礼"，无论它是"外在"还是"内在"的，直接的或圣保罗之前犹太教之中的"心灵的割礼"。而这里应该问：为什么在总是伦理-宗教的极其残酷的暴力发作中，妇女总是首当其冲的受害者（可以说，不仅仅有那么多女人被处死，而且还有死前的或伴随死亡发生的强奸或肢体摧残）。

40. 生者的宗教，在此难道不是一种同语反复？绝对命令，神

在印-伊朗语言和希腊语中都一样，gonflement 的意义都从'膨胀'向'有力量'或'繁荣'演变。在希腊语 kuéo'怀孕'和 kúrios'君王'之间，在 sūra（有力量）和 spanta 之间，各种关系就这样被恢复了，它们一点一点地说明了'圣洁'这个概念的特殊根源。神圣和圣洁的特点因此在一个茂盛、繁荣的概念中得到了规定，并且这是能够导致生命，使自然的各种创造突现出来的茂盛、繁荣"（第183-184页）。

我们也可以把本弗尼斯特所强调的显著事实归为"两个来源"："几乎在所有地方"，不"单是一个词项，而是两个不同的词项"与"圣洁"的概念相应。本弗尼斯特特别用德语（哥特语 weihs"献生"，北欧古文字 hailag，德语 heilig）、拉丁语（sacer, sanctus）、希腊语（hágios, hierós）对之进行分析。源于德文 heilig，哥特语形容词 hails 表达"拯救、健康、身体完好"的观念，是从希腊语 hygies, hygiainon 翻译而来，意为"身体好"。相应的各种词形意味着"使得或变得健康、康复"。〔我们可以在此——本弗尼斯特没有这样做——确定对任何宗教或神圣化来说，同时也是康复（heilen, healing）、健康、拯救的必要性，或是关切（cura, sorge）的诺言，是拯救、恢复圣洁、圣洁化的境域的必要性。〕在英语中，同样的词是相近于 whole（完整，未被触动，因此就是"安全，平安，完全无损伤，免疫"）的 holy。哥特语的 hails，意为"身体好，享用身体的完好无缺"，也有如希腊语的 khaîre（你好！）那样祝愿的意思。本弗尼斯特强调了此中的"宗教意义"："拥有'salut'，也就是具有完整身体性质的人，也有能力给予'salut'。'不受触动'是人们希望得到的运气，人们期待的预兆。自然，人们本应在这个完全的'完整性'中看到一种神恩，一种神圣的意义。神性本质上拥有这种作为完整性、安全、幸运的礼品，并且神性能够把这个礼品授予人们……在历史进程中，曾经发生过用 hails, hailigs 替代原始词项（哥特语 weihs）的情况"（第185-187页）。

圣律令，拯救律令：拯救生者，拯救不受触犯、圣洁、安全的生者，他理应受到绝对尊重，保留，节制。由此必然产生一个非常的任务：在神圣-祝圣的立场或意向性中，在与存在的，并且应该保留下来或人们应该让其是其所是的东西（安全，活的，强壮和丰饶，勃起和多产；平安，完好，圣洁，免疫，神圣，圣人等等）的关系中，重新构建类似的动机的环链。拯救和健康。这样一种意向立场有着来自同一家族的多种名称：尊重、廉耻、节制、镇定，Achtung（康德：尊重），Scheu，Verhaltenheit，Gelassenheit（海德格尔：畏惧，克制，泰然处之），普遍的中止①。上述名称的中心、主题、原因都各不相同（律令，圣洁性，神圣性，要降临的上帝，等等），但各种运动却显

---

① 我在另外的一次讨论中，试图对中止的这种意义，对中止的词法，特别是海德格尔那里 halten 的词法进行更深入的反思。和 Aufenthalt〔栖留，熟悉的地方（ethos）了，经常与安全（heilig）相关〕相比较，Verhaltenheit（廉耻、尊重、顾虑、保留或在节制中悬置的不露声色）只不过是一个例证，诚然，从"最后的神"、"另一个神"、到来的神或远去的神的角度看，这对于在此相关的问题以及了解这个概念在《哲学论稿》中所起的作用，都是非常重要的。关于这个概念，在此我特别要提到古尔第纳的最新研究：《海德格尔的〈哲学论稿〉中的上帝的踪迹和道路》〔《哲学年鉴》(Archivio di filosofia)，1994，1-3期〕。在指出海德格尔坚持"拔根"、"去神圣"或"去神明"、"去魔"的现代虚无主义时，他正是把这种虚无主义和所谓的构设（Gestell），和"存在者所有的工具-技术控制"联系起来，他甚至让"主要反对基督教的创造观念"与这种控制联系起来，这其实总是暗中反对的（第528页）。这在我们看来进入了我们在上面已经开始了的论题：海德格尔呼吁既对"宗教"（特别是基督-罗马宗教）、信仰，也对在技术中威胁安全、圣洁或免疫、神圣-圣洁的东西进行怀疑。这是他的"立场"的兴趣所在，对这种立场，我们可以说，它倾向于像摆脱同一个东西那样同时摆脱宗教和技术，或不如说摆脱那些担当构设（Gestell）和制造（Machenschaft）之名的东西，当然这样说是非常简单化的说法。是的，我们在此也试图卑微地而且以我们的方式说这是同一。而同一并不排除或抹消差异的任何皱褶。但是，这可能的同一一旦被认识或被思考，就不能肯定它只要求一种海德格尔式的"答案"，也不能肯定这个答案对于这可能的同一——无论是对不受损害的，还是我们企图在此研究的自我-免疫的不受损害的逻辑——是陌生的或外在的。我们在下面还要回过头来另外谈这个问题。

现为相似的,这些相似的运动相关、悬置于上述名称之中,实际上是中断于其中,它们全都构成或标志一种中止。它们可能构成了一种普遍,不是"宗教",而是宗教性的普遍结构。因为,如果它们不纯粹地是宗教的,它们也总是开启宗教的可能性,而这种可能性永远不能限制或阻止。这是仍然被分割的可能性。一方面,当然,这是面对始终作为神圣秘密并应该始终不受触犯或不可接近的东西,比如秘密的神秘免疫性,必恭必敬地放弃或克制。但是,这样保持距离,这同一个中止也为保持圣洁打开了一个入口,这是没有中介,没有代理,因此有着某种天生的暴力的入口。这正是另外一个神秘维度之所在。这样一种普遍允许或可能允诺了"religio"的世界性翻译,即:谨慎、尊重、克制(Verhaltenheit)、羞愧(Scheu, shame)、泰然处之(Gelassenheit)等等,面对那些应该或本应该保持健康、安全、不受触犯、不受损害的东西,面对人们有时要在祈祷中以自我牺牲为代价,应该让其成为其所是的,也就是他者,采取中止的立场。这样一种普遍,这样一种存在的普遍性可能至少为"宗教"的世界化提供了一种中介的图型。总之是为宗教的可能性提供了一种图型。

那么,在同样的运动中也必须分析一种明显的双重公设:一方面对生命的绝对尊重,"你不能杀人"(如若不是普遍的生者,至少是你的邻人),全面禁止堕胎、人工授精、干预遗传基因(哪怕是为了遗传学的诊断)。另一方面(其至不用说宗教战争,不用说这些战争的恐怖主义及其残酷屠杀),牺牲的天性也是普遍的。从前,这曾经在这里或那里是人的牺牲,包括在各种"重要的一神教"中的牺牲。这总是生者的牺牲,仍然并且从来就是更多地发生在饲养和屠宰以及渔猎技术、动物实验的范围内。顺便说,某些环境保护主义者和某些素食主义者——至少在他们仍然相信相对任何肉食主义(尽管是象征性的)自己是纯粹(圣洁)的——可能是仅有的尊重宗教的两个纯粹来源之一,并且在实际上对宗教的可能将来承担责任的"信教者"。什么是这种双重公设(对生命和牺牲的尊重)的机械呢?之所以称之为机械,是因为它用技术的调节重新制造非-生者的要求,或者,如果人们愿意这样说的话,生者中的死者的要求。按照我们上面所说的男性生殖器崇拜的效果,这也是自动机器。这是偶像,是超出生的死亡的机器,是作为生命和超生命原则的死亡幻觉幽灵。这种机械原则表面看来非常简单:生命只有比生命具有更多价值才绝对地有价值。因此也就是为生命举丧,在无限的举丧活动中,在无边的幽灵性的无损伤化过程中变成生命之所是。只有以其之中比之更有价值的东西的名义,以那些不局限于(可牺牲的)动物的自然性的名义,生命才是牺牲的,才是神圣的,才是可以无限予以尊重的,而且真正的牺牲不仅仅应该牺牲所谓"动物"或"生物"的"自然的"生命,而且应该牺牲比所谓自然生命更有价值的东西。在如此这般的宗教的各种话语中,对生命的尊重因此关注唯一的"人类生命",因为这种生命以某种方式,证明比生命自身更有价值(更重要)的东西(神性,戒律①的神圣-圣洁性)的无限超越性。人类生者,也就是人类学-神学的生者的价值,就是应该始终安全(不受触犯,圣洁,神圣和安全,不受损

---

① 关于这两种价值的联合和分离,我们在下面还要谈到本弗尼斯特和勒维纳斯的有关论述。

害,免疫)的价值,它作为绝对价值的价值,作为一种应会启发尊重、畏惧、克制的价值,这样的价值是无价的。它相应于康德所说的终极的尊严、理性的有限存在的尊严、超出了市场上可以比较的价值的绝对价值的尊严。生命的这种尊严只能超越在场的生者才能被把握。由此产生超越性、拜物教和幽灵性,由此产生宗教的宗教性。生者的生命只有注重生命之外的东西才绝对有价值,对于生者的超越,概括来说就是打开死亡空间,人们把死亡与自动(规范讲是"男性生殖器"),与技术、机器、假器、潜在性联系在一起,一言以蔽之,与自我-免疫和自我牺牲的各种补充维度联系在一起,死亡的这种冲动默默地作用于所有共同体、所有自动-共同体,并且实际上在其重复性、遗产和幽灵传统中原原本本地构建这种共同体。作为共同自我免疫性的共同体:没有不保持自身自我免疫性的共同体,一种摧毁自我保护原则(保护自我不受触犯的完好性)的牺牲性的自我解构原则,而这是基于某种不可见的和幽灵的死后的生命。这种自我对质在生命中坚持自我-免疫的共同体,也就是说,更多地向着他者开放,而不是自身:他者,将来,死亡,自由,他者的到来或他者的爱,所有救世主降临之外的幽灵化的降临性的时-空。这就是宗教可能性之所在,是在生命价值及其绝对"尊严"和神学机器、"制造诸神的机器"之间的宗教关联(谨慎的、恭敬的、畏惧的、节制的、冷静的)之所在。

41. 于是,作为对双重放松和双重期待回答的宗教缺席了:牺牲缺席了。人们能否设想一种没有牺牲、没有祈祷的宗教?海德格尔认为能够用以辨认本体神学的标志,就是绝对在者或至高原因的关系摆脱了牺牲供献和祈祷——也由此失去二者。但是在此仍然是两个根源：被分割的戒律，双重的家园，宗教的原初缺席或欺骗性，这是因为不受损伤的戒律，安全自救，对牺牲-圣物的尊重，同时要求并排斥牺牲，也就是要求并排斥免疫的免疫化，免疫性的价值。因此，就是同时要求并排斥自我-免疫和牺牲的牺牲。后者总是代表同样的运动，即为了不伤及和损害绝对他者应付的代价。这就是以非暴力为名而行的牺牲的暴力。绝对的尊重首先命令牺牲自我，牺牲最珍贵的利益。如果康德谈到了道德律令的"神圣性"，人们知道，那是因为他明确地坚持一种关于"牺牲"的话语，也就是关于"纯然理性的限度内"宗教的另一种要求的话语，关于作为唯一的"道德"宗教的基督教的要求的话语。自我的牺牲于是牺牲了最纯粹的东西，以服务于最纯粹的东西。这就如同纯粹理性在自我-免疫的无损伤化过程中从来只是把宗教和一种宗教，或把纯粹信仰与这样或那样的信仰对立起来。

42. 在我们的"宗教战争"中，有两个时期的暴力。我们在前面谈到，其中之一是"当代"的，这个时期的暴力与超尖端的军事电子技术——"数字"的和赛伯空间的文化——相适应或相联系。另一是"新的古老暴力"，如果可以这样说的话，它反对前者及其代表的一切。这是回报。它实际上求助于同样的中介权力的根源，反过来尽可能接近（按照我们在此要规划的方法、来源和内在、自我-免疫的反应性规律）本己身体和机械之前的生者。不管怎样，尽可能接近其欲望和幻觉。人们通过求助——回到——双手、性或原始工具，经常还求助于"白色武器"，报复那些进行掠夺和瓦解的机器。所谓的"枪杀"和"暴行",人们永远不会把这些词用于"干净的战争"中,在这些战争中,人们不再在乎死者(电子控制在整个的城市上面发射榴霰弹,"智能"导弹等等),这些战争就是酷刑,杀戮,各式各样的破坏。通常,总是有一种公开宣告的复仇,而且经常被宣布为"性"复仇:亵渎,性蹂躏或残肢断手,尸体展示,死人头示众,在过去的法国,这些人头被挑在一个梭枪头上("自然宗教"的崇拜男性生殖器的活动过程)。比如,这是一种情况,但这只是在今天的阿尔及利亚发生的情况:交战双方各自以自己的方式宣称以伊斯兰名义而战。这些也是一种被动的和消极的手段的征兆,是身体本身对剥夺和移位的电讯-技术科学的报复,因为这种科学技术认同市场的世界性,资本-军事化的霸权,世俗和宗教双重形式下的欧洲民主模式的世界一体化。由此产生属于双重根源的另外的面貌:宿命主义、教条主义或非理性蒙昧主义的最坏效果和对其对立面的模式(世界一体化,不言其名的宗教,总是以"普遍化"面貌出现的种族中心主义,科学和技术市场,民主的理论,"人道"或维和力量实行的"维和"战略,在其中人们永远不会用同样的方法计算卢旺达和美国或欧洲的死者)及其霸权的尖锐的严厉批评和警醒分析之间可以预见的结盟。这种古老的、表面上更加野蛮的"宗教"暴力的极端化,以"宗教的"名义宣称要重新建立活的共同体,使之重新找到自己的地位、身体和未受污染的方言(圣洁,平安,纯洁,干净)。这种极端化播撒死亡,并且用一个怪罪自己血肉之躯的绝望(自我免疫)的动作引发自我解构:如同为着拔掉"拔根"的根,并且重新拥有生命的不受触犯和安全的神圣性。双重的根,双重的拔根,双重的摘除。

43. 双重强奸。同样也是在作为宗教战争的战争中，一种新的残酷于是把最先进的科学技术的计算性和要立刻指责身体、性事——人们可以强奸、肢解或只是否认或无性化——的野蛮反应，即同一种暴力的另外形式连接起来。今天，是否可能谈论这双重的强奸，是否能以不过分愚蠢、没教养或幼稚的方式谈论这双重的强奸而又"无视""精神分析"？可能有千种方式无视精神分析，有时是通过一种伟大的精神分析的知识，但是在一种被分解的文化之中。人们无视精神分析，因为他们不能把它与今天有关法律、伦理、政治以及科学、哲学、神学等等的最强大的话语整合起来。有一千种方式可以避免这种极端的整合，包括精神分析的机制领域。然而"精神分析"（我们应该越来越快地进入）在西方正在衰退，它从来没有，的确没有跨越"老欧洲"的一部分界限。这个"事实"理所当然属于我们在此以"宗教"之名探索的现象、标识、征兆的形态。如何追求这种分析"宗教回归"的新启蒙而又至少能不引发某种无意识的逻辑？也就是说至少不在此涉及根本恶，不涉及位于弗洛伊德思想中心的对根本恶的反应问题？这样一个问题与其它一些问题相关联：重复的强制，"死亡冲动"，"物质真理"和"历史真理"之间的区别，而这个区别首先是在宗教的主题上向弗洛伊德提出来的，更确切地说，首先是为着没完没了的犹太问题而确立的。的确，精神分析知识在向一个新的证明空间、一个新的证明要求、一个病症和真理的新经验开放的同时，也能拔除和唤醒人的信仰。这新的空间也应该是法律和政治的空间，尽管它不单单是法律和政治的。下面我们还会回过来谈这个问题。

44. 我们经常试图把知识和信仰，技术科学和宗教信仰，计算和圣洁-神圣放在一起思考，不过是别样地思考。我们在这些领域中已经不断遇到可计算的和不可计算的神圣或非神圣的联盟。同样还有不可数的和可数的，二进制的，数码和数字的联盟。然而，人口计算今天在地缘政治维度至少涉及"宗教问题"的一种形态。至于一种宗教的将来，数字的问题影响了"人口"的数量，同样也影响"人民"的活的无损性。这不仅仅是要说，应该用宗教计算，而且是要说，必须改变世界化时代中计算宗教信仰的方式。犹太问题无论是否"典范"，它都仍然是未来构建这种人口-宗教问题的相当好的一个例证（样本，特殊情况）。的确，这个数字问题，我们知道，缠绕着《圣经》和各种一神论。当"人民"感到电讯-技术科学的剥夺和不定时，他们也惧怕新的"侵占"形式。他们对那些异族"人民"感到恐惧，因为和他们的在场一样，他们的发展，无论是直接或潜在的，都同样更具压力，而这种发展则变得难以计算。于是产生各种新的计算方式。人们能够用不止一种方式解释小"犹太民族"闻所未闻的延续及其宗教的世界光大，这种宗教为共同支配世界的三大一神教的独一来源，而这种来源至少与这三大一神教具有同等尊严。人们可以用千种方式解释犹太民族对种族灭绝事业，同样还有对如此的人口失衡的极力反抗，我们从来不知道还有其它这样的例证。但是，在世界化将饱和的那一天（可能已经到来），这种延续会变成什么？于是，美国人所说的"全球化"可能不再允许在人类地球的表面分割这些小气候、历史、文化、政治的小区域，小欧洲和中东，而"犹太民族"在其中为了延续和证明自己的信仰，已经经历了如此多的苦难。勒维纳斯说:"我把犹太教理解为一种给予《圣经》一种语境并使之保持可读性的可能性。"现实和人口计算的世界化,难道没有使这种"语境"的或然性变得比任何时候都更加微弱,并且和最坏、最极端的"最终解决"的罪恶同样成为生命延续的威胁?勒维纳斯还说:"上帝是未来",而海德格尔看到了"最后的神"出现及直至未来的缺失:"最后的神:在降临期(圣诞节前的四星期)的征兆和缺失中,同样在过去诸神及其秘密变形的逃逸中获得基本的发展。"①

这个问题可能对于以色列国家和民族更加严重,也更加急迫,但是这个问题关乎所有的犹太人,无疑也以不那么明显的方式关乎世界上所有的基督徒。而完全不涉及今天的穆斯林。由此而看,这正是"三大原始一神教"之间的一个重要差异。

45. 永远没有另外一个播撒的地方吗?今天,这个来源在什么地方仍然被分裂,就像"同一个"在信仰和知识之间分裂那样?对剥夺和移位的电讯-技术科学的原始反应,应该至少适应两种形态。这些形态互相重叠,也互相轮换和替代,事实上在它们各自的位置上创造的只是无损伤的和自我免疫的替补性:

1)的确,拔掉极端性的根(即我们在前面提到的海德格尔所说的拔根),拔掉原始发生的所有形式,拔掉固有、神圣、无害、"健康和平安"的发生力量所假定的来源:伦理认同、血脉、家庭、民族、

---

① 《哲学论稿》,第256页,古尔第纳翻译并引用,"上帝的踪迹和道路⋯⋯",同上,第533页。关于未来、犹太教和犹太性,请参见《档案之罪》,伽利略出版社,1995年,第109页。

土地和血肉、专名、特有方言、文化和记忆；

2）但是，同样，同一欲望反面的反拜物教，电讯-科学技术机器的泛灵论关系，比以往任何时候都更加多地变成了恶的机器，根本恶的机器，但也是操纵和驱魔的机器。因为，这个机器是奴役的恶，而且因为人们在知识和能力之间不断增长的反差中，越来越多地使用他们一无所知的伪迹和假器，于是这种技术经验的空间变得更加泛灵、神奇和神秘。在这种经验中始终是幽灵的东西于是倾向于随着这种不均衡而变得越来越原始和古老。于是，否定，还有明显的剥夺，能够采取结构的和侵占的宗教性形式。某种生态学精神可能参与进来（但是，在此必须区分这种生态意识形态潮流和生态话语或政策，它们的权限划分有时是非常严格的）。在人类历史中，科学的无权限和操纵的权限之间的失衡似乎从来没有像现在这样严重。我们甚至不再能相关于各种机器而衡量这种失衡，这些机器的使用是日常的，对这些机器的控制是可靠的，对它们的关联总是更加紧密、内在、顺从。前天，所有的战士的确都不知道如何启动火器，而他们原来能够熟练地使用。昨天，所有汽车司机或火车乘客总是不太知道"这"如何"行驶"。但是他们相对的无能不再具有共同的（数量）尺度，也不和那些在今天把人类的大部分和各种机器相关联的能力相类似（质量），这种能力依靠这些机器而生，或者和这些机器一起要求在日常家庭中生活。谁有能力科学地向他的孩子们解释如何使用电话（通过海底或卫星电缆）、电视、传真、电脑、电子邮件、光盘、芯片卡、喷气式飞机、核能量分配、扫描仪、超声回波描记术？

46. 我们在前面提到,同样的宗教性应该把回归的原始及古老的反应性和蒙昧教条主义以及苛刻的批评家的警觉联系起来。这种警觉反对(同时要占有)的各种机器也是要摧毁历史传统的机器。这些机器能够改变民族公民性的传统结构,并会企图同时消除国家的边界和各种语言的特性。从此,宗教反应(抛弃和同化,吸收和融合,不可能的无害化和丧葬)总是有两条普通的道路,即竞争的和似乎反主题的。但是,这两条道路与一种"民主"传统既对立又联结:这就或者是虔诚地回归民族公民性(所有形式下的自我的爱国主义,对民族国家的爱,民族主义或种族中心主义的复苏,而这些都最经常地和教会或信仰权力联合在一起),或者相反,普遍的、世界主义的和普世的反抗:"全世界的生态主义者、人道主义者、信仰者,在反电子-技术的国际主义旗下团结起来!"这自然是国际主义,它只能在其进行斗争的网络上面得到发展,而这种斗争利用的是对手的各种方法,而且这是我们时代的特殊性。它以同样的速度反对的其实是一个同样的对手。一分为二的同一个,就是所谓的错位的时代错误中的当代人。所以,这些"当代的"运动,应该在电子-科学技术和宗教的两个来源(一方面是圣洁、神圣,另一方面是信仰或诚信、信用)之间联合的悖论中,寻求自救(健康和平安,就像圣洁-神圣),同样还有健康。"人道援助"提供了一个很好的例证。"维和部队"亦如此。

47. 如果人们试图以经济的方式使围绕两种"逻辑"之一的两种来源——如果愿意这样说的话,是与西方人用拉丁文称之为的"宗教"有别的两种"来源"——的公理形式化,那人们应该用什么采取行动呢？让我们注意一下这两个来源的假定：一方面是相信、可靠或联盟的信用性（诚信、信仰、信贷等等），另一方面是不受损害的无损性（健康和平安、免疫、圣洁、神圣）。可能必须首先至少保证这点：这些公理中的每一个，因其如此，已经思考并设定了另外一个公理。一个公理总是肯定——它的名称就说明了这点——一种价值和价格。它确定或应许一种评价，而这种评价应该始终不受触犯，并且就像所有价值一样，导致一种信仰行为。然后，每一个公理都使得某种所谓的宗教——也就是由一个特定历史社会（教会，神职人员，从社会观点看的合法权力，人民，不同的方言，介入同样信仰并且信任同样历史的信徒团体）规定，并且与之不可分离的教义或信条所确立的工具——成为可能，然而这却不是必然的。但是，在可能性的开放（作为普遍的结构）和这样或那样的宗教规定的必然性之间的差异总是不可简约的。有时，一方面，那些在最接近宗教本质的地方把握宗教的东西进入每一种宗教的内部，而另一方面，也有被历史规定的宗教的本质或权力进入。这也就是人们永远能够以最始源的可能性的名义，批评、放弃、反对这样或那样形式的神圣性或信仰，甚至宗教的权力的原因。这种原始可能性可能是普遍的（信仰或可靠性，作为证明，社会关系，甚至最极端的提问的诚实）或甚至已经是个别的，比如，相信启示、应许或命令这样的原始事件，如同是法典、原始基督教、某种比教权或神学话语更古老、更纯粹的根本的话语或文字的指谓。但是，似乎不能否定这种可能性，派生的必然性（被规定的权力或信仰）以这种可能性的名义，并且多亏了这种可能性而发觉自己受到质疑、悬搁、否定或批评，甚至被解构。人们不能否定这种可能性，这就是说,人们最多能够否定它。人们反对它的话语实际上总是让步于否定的形态或逻辑。这就是在世界所有的启蒙的前后,理性、批评、科学、电讯-技术科学、哲学、普遍的思想与普遍的宗教中保留同样的根源。

48. 这最后的命题,至少特别为关乎思想的东西召唤某些原则的说明。不可能在此发挥那么多必要的说明,也不可能增加——就好像这是很容易的——对某些人的参照。这些人在世界的所有启蒙的前后相信过批判理性、知识、技术、哲学和思想相对于宗教,甚至所有信仰的独立性。为什么就注重海德格尔?这是因为他的极端性和他在这个时代就某种"极端性"所发表的言论。无疑,我们在前面提到,海德格尔在 1921 年给洛维特的信中写道:"我是一个'基督教神学家'。"[1]这个宣言值得进行长长的解释,并且肯定不等于一种简单的信仰声明。但是,这个宣言并不反对、取消,也不禁止另外一种立场:海德格尔不仅仅很早并且多次宣称哲学原则上是"无神论"的,哲学的观念对于信仰是一种"荒诞"(至少反之亦然),而一种基督教哲学的观念与"方的圆"同样荒谬。他不仅仅直至排除了宗教哲学的可能性。他不仅仅提出哲学和神学——信仰的实证科学——之间的一种彻底分离,如果不是思想

---

[1] 参见前面第 18 节。这封 1921 年 8 月 19 日写给洛维特的信最近在巴拉什的《海德格尔和他的世纪》(法国大学出版社,巴黎,1995 年,第 80 页,注 3)中被以法文引用了,达斯杜尔在《海德格尔和神学》(卢汶哲学杂志,5-8 月,1994 年,第 2-3 期,第 229 页)也提到这封信。由于我们上面提到的古尔第纳的研究,我认为,这项最近的研究属于最近出版的有关这个主题的最精彩、最丰富的著作之列。

和有神论①——关于神的神性的话语——之间的彻底分离的话。他不仅仅尝试对所有本体神学进行"解构",等等。在 1953 年,他还说过:"虔信在思想中没有任何位置(Der Glaube hat im Denken Keinen Platz)。"②无疑,这种坚定的宣言的语境是相当特殊的。虔信(Glaube)这个词在此似乎首先包括一种形式的虔信、对权力的轻信或盲目认同。于是,事实上重要的是 Spruch(言语、宣判、判决、决定、诗歌,一句话:不能还原为理论、科学,甚至哲学陈述的言语,这种言语同时以特殊和施事的方式与语言相联系)的表达。在关于在场和表现表象中的在场的段落中,海德格尔写道:"我们不能科学地证明这一表达,也不应该简单地依据某种权力使其成为信仰(信任它,相信它)。证明暗指('科学的')的影响过于短暂。虔信在思想中没有任何位置。"海德格尔就这样排除了科学证明(这让人想到他在这个情况下信任非科学的见证)和虔信,此处的虔信是轻易和正统的相信,即闭着眼睛,教条地同意和信任权力。的确如此,有谁能反而言之? 有谁要永远把思想和这样的赞同混淆起来? 但是,海德格尔并非没有努力并极端地由此延伸他的论题,根据他的论题,一般的信在一般的思维经验或行为中没有任何

---

① 请允许我仍然回溯到"如何能不说?"的那些问题。至于在神的神性,至于在 theion 这样有神论的主题,这样相异于神学和宗教的主题上,我们不应该忘记其多样意义。在柏拉图那里,特别在《蒂迈欧篇》中更加紧密地涉及这个主题,我们不太重视神的四种观念(关于这点,参见塞尔日·马尔盖勒的出色论著《主使神的坟墓》,子夜出版社,1995 年)。的确,这种多样性并不妨碍,相反,它至少要求给予人们以这同一个词命名的东西一种意义域,一种独一的前理解。即便归根结底应该与这种域本身决裂。

② 《阿那克西曼德箴言录》,载《林中路》,Klostermann 出版社,1950 年,第 343 页;法译本《阿那克西曼德的箴言录》,伯洛克梅伊尔译,载《无去处的道路》,加利马出版社,巴黎,1962 年,第 303 页。

位置。在此，我们可能有些理解上的困难。首先，是关于他特有的道路：即使人们避免——就像要既严格又可能做的那样——把形态、水平、语境互相混淆的危险，似乎也很难把一般的信仰和海德格尔本人在这种质询——他曾经说过这样的质询建立了思想的虔信——之前，以 Zusage（应许、承认、盟约或信任）之名所指的作为思想最难以还原，甚至最始源的东西分离开来。我们知道，他没有对这最后的断定提出问题，而是后来对之作了说明，把 Zusage 变成了思想最纯粹的运动，而且说到底（尽管海德格尔没有以这种形式谈论这种运动），若没有它，问题本身就不会出现。① 这"先于"任何问题，因而也"先于"任何知识、任何哲学等等的对某种信仰、对应许（Zusage）之盟的召唤，无疑是在相当晚的时候（1957 年）才以特别激烈的方式被提出来。它甚至不是以自我批评或遗憾的形式，而是以回归需进一步精确、明确的系统说明的形式，或毋宁说要别样地再开始的一种系统说明的形式（这在海德格尔那里是少见的，由此使人们对他产生兴趣）被提出来。但是，这个行为没有它显示出来的那样新鲜和特殊。我们也许会在别处尝试指出（那需更多的时间和篇幅）：从存在分析到存在的和存在真理的思想，凭借不断重新肯定我们将称作（用拉丁语，很可惜，还以对海德格尔来说过于罗马化的方式）某种证明的神圣性——甚至也可称作起誓信仰——的一切，这种行为是有成效的。这种连续不断的再肯定，贯穿海德格尔的全部事业。在《存在与时间》里，它与所有那

---

① 关于这一点——在此缺少能力展开——我仅回溯到《论精神，海德格尔和问题》，伽利略出版社，巴黎，1987 年，第 147 页，还可参见达斯杜尔：《海德格尔和神学》，同前，第 233 页，注 21。

些与其不可分割但又是独立于它的东西——也就是所有的实存者,而最接近的是良知、责任或原罪和决断——一起,居于决定性动机之中,并且一般来讲不太被证明所标志。在此,我们不能为了这些概念,重新触及如此明显属于基督教传统的本体论重演的庞大问题。所以我们只是确立一种阅读原则。如同真实的证明经验,如同取决于这种经验的一切,《存在与时间》的出发点在这样的处境中占有自己的地位,而这种处境不能够彻底相异于所谓的信仰。这当然不是宗教,也不是神学,而是先于或超出所有问题的被承认的信仰中的东西,是语言和"我们"已经共有的经验中的东西。在海德格尔说"我们"以证明作为"此在"的"典范"在者——人们也应该向这个提问的存在提问——的选择是正确的时刻,《存在与时间》的读者和把它当作见证的签名人,已经在这种信仰的成分之中了。对这个"我们"来说,在所有问题之前,使存在问题得以确立,使它的"形式结构"的阐明和规定成为可能的东西,难道不就是海德格尔称之为事实的东西,也就是存在意义的模糊和平常的前理解,而且首先是在语言或在一种语言中的"是"(est)或"是"(être)等词?这种事实不是经验的事实。每当海德格尔用这个词的时候,我们必然又被引向这个区域,在其中承认被严格地规定着。无论这个词有没有被提出,它都始终必须先于并且针对所有的可能问题,因此它先于任何哲学、神学、科学、批评、理性等等。这个区域就是通过观念的开放链条不断被重新肯定的信仰区域,它从我们在前面提到的概念(Bezeugung, Zusage 等等)开始,但是,这个区域也向着在海德格尔的思想路途中的某些东西开放,这些东西标志着克制(Verhaltenheit)所保持的停止状态,或在羞耻中靠近无损伤、神圣、健康和平安的栖留,标志着人们无疑尚未做好准备接待的"最后神的过去或到来"。① 这种信仰固有的运动不应该制造一种宗教,这太清楚不过了。这种运动是否对任何宗教性都是无损伤的? 可能。但对于所有的"虔信",对于这种"在思想中没有任何位置"的"虔信"呢? 那就不那么肯定了。因为这个重大问题还要以新的形式仍然出现在我们眼前:"何谓虔信?",人们会(在别处)问海德格尔如何并且为什么能够同时肯定"宗教"的可能性之一——我们刚才概括地叙述了它的各种标志(Faktum, Bezeugung, Zusage, Verhaltenheit, Heilige)——而又能坚定地抛弃"虔信"和"信仰"。② 我们的论题还是回到宗教的两个来源或两个始源上

---

① 论述所有这些主题的文集内容繁复,我们无法在此对之进行评论。它特别是被诗人(他被赋予的任务是说,因此也就是拯救神圣)和观察神的各种征兆的思想者之间的交谈言语规定的。关于在这方面论述十分丰富的《哲学论文集》……我还参照了古尔第纳的研究以及在其中引用和解释的所有文本。

② 我感谢 S. 韦伯提请我注意在海德格尔的《尼采》中"作为信仰的永恒轮回"的言简意赅而艰深难懂的段落(Neske,1961 年,第 382 页以下,法译本,克罗索维斯基译,加利马出版社,巴黎,1971 年,第一卷,第 298 页以下)。我在重读时感到仅用一个注不可能正确评价这些篇章的丰富、复杂和策略。我会在别处再谈这个问题。在等待中我只指出如下两点:

a. 这样的阅读设定耐心而思考地栖留于这种持守中,我们前面涉及海德格尔思想路途时谈到过此(66 页注 1)。

b. 这种"持守"是虔信的重要规定,就像海德格尔至少在读尼采,特别是读到《权力意志》中提出的问题"何谓虔信? 它是如何产生的? 任何虔信都是一种对真的坚持"时所解释的那样。无疑,海德格尔在依照尼采解释"信仰概念",也就是解释他的"真理概念和坚持真及在真理中持守概念"时,始终是非常谨慎和犹豫不定的。他甚至宣称弃绝这种解释,不再现尼采对宗教和哲学之间的差异的把握。然而,他在参考《查拉图斯特拉如是说》时期的警句时,增加了预备性的陈述。这些陈述可以显现出这样的事实:在他看来,如果信仰由"坚持为真"和"在真理中持守"所构建,如果真理对尼采意味着"其整体性中的对在者的关系",那么,意在"把某种再现物视为真"的信仰于是可以说还是形而上学的,而且从此就和在思想中应该超越再现次序和在者整体的东西不相等同。

（我们在前面作了区分）：神圣性的经验和信仰的经验。海德格尔更接受前者（就其希腊-荷尔德林传统，甚至古希腊传统而言），而反对后者，他经常把后者归结为他不断质疑——以避免说"摧毁"或揭露——的形象：这当然是对权力的教条的和盲目的信仰，不过也是对《圣经》的各种宗教和本体神学的信仰，特别是对在他看来能在他者中（我们认为是错误的）必然召唤"他我"的自我的主体性的信仰。我们在此说的是被要求的、必须的信仰，是忠实于那些可能构建"共在"的条件——对一般他者的关系和致意的条件——的东西的信仰，这些东西来自完全不同的他者，而在他者中，原始的和直接的表现永远是不可能的（尽可能最原始和最不可还原意义上特定的见证或言语成为发展直至赌咒的诺言）。

49. 语义学或法律史——此外是交错的——在文化之外规定了这个词或这个概念，见证的经验确立了这两种来源的一种合流：不受损害（平安、神圣或圣洁）和信用（可靠、忠实、相信、虔信和信仰，直至包含最坏的"不诚"的"诚实"）。我们用它们的一种相遇来谈论这两种来源，因为这两种来源的面貌千变万化，我们已经掌握了它的真实情况，我们不再计算，而在那里，可能存在另外一种提

这就是我们上面提到的"虔信在思想中没有任何位置"的结论的效果。海德格尔首先宣称他只从尼采有关虔信的定义中保留一样东西；而这是最重要的，那就是"坚持真并在真理中持守"。下面他又补充说："如果在真理中持守构成了人的生活的一种形态，那么，只有当我们已经充分弄清楚尼采关于真理之为真以及真理与'生命'——以尼采的说法，既存在者整体——的关系的观点时，我们才能对信仰的本质，特别是对尼采的信仰概念做出决断。因此，要是没有一种对尼采的信仰观的充分把握，我们就难以冒险断定'宗教'对他意味着什么"（第386页，法译本略有改动，第301页）。

出问题的必要性。在见证中，真理被允许超出任何证明、任何感知、任何直观显示。即便我说谎或赌咒（而且总是并特别在我做这些的时候），我都向他人保证一种真实，并且要求他人相信我这个"他人"，在此我是唯一能够见证的人，在此证明或直观的范畴，永远不能还原于或同质于这种原初的信、这种保证或必须的"诚实"。诚然，后者从来不是完全重复和技术的，因此也不完全是计算性的。因为，在最初时刻，它也许诺自己的重复性。它开始完全是针对他人的。它在最初时刻与他人是共-广延的，并且把任何"社会关系"、任何"提问"、任何知识、任何电讯-技术科学的性能和成绩都规限在其最综合、最人为、最字首增音、最可计算的形式之中。证言所要求的信仰行为依照结构，超越任何直观、证明、知识（"我发誓我说的是真话并不必然是'客观真理'，而是我认为是真实的东西的真理，我向你说出这个真理，相信我，相信我所相信的，在此，你永远不能在不可替代而又可普遍化的、规范化的位置——我由之和你说话——上看见和知道。我的见证，可能是虚假的，但我是真诚和诚实的，这不是一个虚假的见证"）。那么，这种公理之言（准超验的）的许诺做了些什么呢？而这种许诺像其阴影一样规定并先于"诚实"的宣告和谎言、伪誓，因此也就规定并先于所有向他人的表达。回过来说："相信我说的，就像相信一个奇迹。"最卑微的见证徒劳地落在最真实、最普通或最日常的东西上，它求助于对之的信仰，就像奇迹造成的那样。它作为奇迹本身在不给祛魅以任何机会的空间中被提了出来。不容置疑的祛魅的经验只是在每一次历史规定、每一次绝妙验证中的这种"奇迹化"经验的一种形态、反应性和临时的效果。我们被召唤起来去相信任何见证,无论我们把它作为奇迹还是作为"异乎寻常的历史"那样去相信,那都是毫不迟疑地记录在见证的观念本身之中。而我们不应该因为看见侵入到所有见证问题中的"奇迹"例证感到惊奇,不管这些问题是否是传统的,是否是批判的。如果存在纯粹的证言,那它就属于信仰和奇迹的经验。它牵涉到任何"社会关系"之中,哪怕是最普通的关系,它还变得对科学,同样对哲学和宗教都是必不可少的。这个根源可能同时或连续地聚集或分裂,连接或脱离。见证的盟约在向他者担保之中把对他者的信和在场-不在场的神圣化,或作为他者戒律的戒律神圣化连接起来,在这个过程中,这个根源可能显得与自身同时代。它的分裂可能以不同的方式发生。首先,在一种没有信仰(这种几何学的标志:"海德格尔")的神圣性和一种没有圣洁性的神圣性(实际上是非神圣的)之间的轮换,甚至把某种祛魅变成为真正的神圣性的条件(标志:"勒维纳斯"——特别是《从神圣到圣洁》)。这种根源可能随后在那些在信仰中构成所谓"社会关系"的地方被分裂,这也就是中断。在"社会关系"和"社会分裂"之间,不存在根本的对立。某种中断的分裂成为"社会关系"的条件,甚至成为所有"共同体"的追求。在此,甚至没有一种相互条件的结,不过,不如说存在着向所有结的解开或断裂或中断开放的可能性。在此,打开的是作为见证经验之秘密——也就是某种信仰——的社会或与他者的关系。如果信仰是对任何一个他者的致辞和关系,那是在非-关系或绝对中断的经验之中(标志:"布朗肖","勒维纳斯"……)。这种非-关系或超越性的超神圣化仍然是通过非神圣化——我们不说世俗化或非宗教化①那些过于基督教的概念,甚至可能通过某种"无神论",总之是通过"否定神学"的来源的极端经验——甚至超越其传统——进行的。由于另外一种修辞——例如希伯来文修辞——这里必须区分神圣(sacré)和圣洁(saint),不再满足于本弗尼斯特提请注意的在诸物中的自然神圣性和机构或戒律中的神圣性之间的拉丁文区分。② 这种中断的非-连接与一种绝对不对称性中的不可公度的平等相关联。这种不合时宜的戒律中断并且制造历史,它躲过所有的同时性,并且打开了信仰的空间。它指示着作为宗教之源本身的祛魅……第一和最后一个来源。没有比坚持有关祛魅时代、世俗化时代、非宗教时代等等的可靠话语,在这里或那里显得更加危险、更加困难或更加不谨慎的了。

50. 可计算性;表面上是"二"的算术问题,或不如说通过或超出我们上面说过的人口统计,n+1(Un)的算术问题。为什么总是存在不止一个来源? 宗教可能没有两个来源。存在信仰和宗教,信仰或宗教,因为至少有两个东西。因为好歹存在着来源的分裂和重复。这个补充把不可计算引入可计算之中(勒维纳斯:"正是这属于'二'的存在是人道的,是精神的。")。但是,多于"一"的,毫无迟缓地就是多于"二"的。不存在属于二者的同盟,除非这实际上意味着纯粹信仰的纯粹疯狂。那是最坏的暴力。多于"一"的,

---

① laicisme:原意为古时将基督教教会管理权交给在俗教徒的主张。也有在俗身份、在俗教徒的意思。——译注

② 本弗尼斯特:《印欧语言与社会》,同上,第 184,187-192,206 页。

就是把信仰或虔信的秩序引入对他者的致意的这个"n＋1",然而也是自动和机械的分裂(见证的肯定和反应性,"是的,是的"等等,自动留言机以及极恶的可能性:诅咒,谎言,遥控屠杀,而这种控制是和徒手强奸或杀害时的距离相同的)。

51. 根本恶的可能性摧毁又确立宗教的东西。本体神学在终止牺牲和祈祷时的确亦是如此,而祈祷的真理——这让我们再一次想到亚里士多德——无论如何是遵循某种真理的或判断的观念超越了真实和虚假,超越了真假的对立。就像祝圣一样,祈祷也属于见证信仰或牺牲者的这种原始制度,而在此我们试图思考这种制度最具"批判性"的力量。本体神学,在某种西班牙改宗者①已经丧失,实际上是达至其唯一秘密的记忆消散、增多的条件下,隐藏了信仰和宿命。一面死亡本性的旗帜:在复活节晚上,托盘上摆放的已经拉弦的手榴弹。

52. 在这种密室的没有尽头的尽头,1＋n 无以计数地引发了自己的所有的补充。它变成了暴力并且提防他者。宗教的自我免疫只能在没有特定目的的情况下自我补偿。在这永远是圣洁的沉静的无尽头的尽头上面,明天的 khôra 存在于我们不再懂的或还没有说的语言之中。这个地方是唯一的,它是无名的"一"。它可能提供地方,但却不带任何神性和人性的慷慨。灰烬的散播和特定的死亡,都不允许在那里存在。

---

① marrane:指中世纪西班牙因为受迫害而改信天主教的犹太人。——译注

(这些可能就是关于某座摩利亚山(Moriah)——去年,去卡普里时,在维苏威和格拉迪瓦附近——我曾经想要说的。今天,我想起曾经读过的"热奈特在夏蒂拉",在此应该提及书中用那么多的语言说出的那么多的预言,还有各种各样的演员和牺牲者,以及老人和结局,所有的风景和所有的幽灵:"我不会回避的问题之一,就是宗教的问题[①]"(Laguna,1995年,4月26日)。

---

① 热奈特:《热奈特在夏蒂拉》,Solin 出版社,巴黎,1992年,第103页。

踪迹的踪迹

基阿尼·瓦蒂莫

人们常说，宗教的经验是逃亡的经验。然而，如果它涉及逃亡，那很可能是在回归的旅行中。这无疑不是鉴于随便什么根本的性质，事实是：在我们的生存条件下（基督教的西方，世俗化的现代性，为闻所未闻的灾难性威胁所困扰的世纪末精神状态），宗教被体验为一种回归。宗教是某种我们认为已经被确定性地遗忘的东西又一次在现在生成，是某种已销声匿迹的踪迹重新焕发活力，是某种创伤的重开，是某种压抑的再现，是向我们揭示：我们过去所认为的克服（Uberwindung）——从超越、真正的变化，以及由此产生的放置在一边的意义上说——只不过是一种"熬过"（Verwindung），一种漫长的康复，这种康复应该重新清算疾病难以抹消的踪迹。如果说这就是一种回归，那么，这种宗教的再现相对于它本己的本质而言，难道不是偶发的吗？事情难道不正如——鉴于某种历史、个体或社会的原因——我们仅仅把它遗忘，仅仅同它疏远（可能怀有某种负罪感）了那样？鉴于某种完全偶然的原因，这种遗忘现在一下子变得更加稀少。但是这种机械论（在这种情况下，存在一种宗教的根本真理，这种真理在某个地方静止地存在着，而个体和一代又一代的人，只是在一种完全外在和无意义的运动中围绕着它来回奔忙)对于我们来说,在哲学中已经行不通了:如果我们说某个论点是真实的,那我们是否应该把过去那些不承认这个论点的所有伟大的或不那么伟大的思想家都扣上愚蠢和荒谬的帽子呢?换言之,这意味着,问题在于:真理的历史(存在史)就其"内容"而言,并非那么根本……根据这些看法,更加可取的似乎是这样一种假设:宗教在我们的经验中重新出现、回归,并非是可以置之不理的纯粹偶然情况,以致我们的思考仅仅集中在回归的内容上面。相反,我们有理由设想回归是宗教经验的根本形态之一(或就是宗教经验的根本形态)。

我们要追寻的正是这种踪迹。为了重新思考宗教,我们把宗教回归、宗教再现的事实本身,也就是我们肯定曾经聆听过的声音的召唤,当作构成物接受下来。如果我们承认,回归并不是宗教经验的一个外在和偶然的方面,那么,同样这种回归的具体形态——我们把它当作在特别确定的历史条件下的经验——也应该被视作是根本的。但是,对宗教回归的现时和具体的形态进行思考,我们的目光应该投向何方?这些形态似乎主要可分为两种类型,而这两种类型至少第一眼看来是互不相同的。一方面,更多地代表着普通文化的宗教回归(作为教会、教派的要求、新生命力,作为对学说及其平行实践的研究:东方宗教的"样式"等等),主要来自人们普遍感觉到的某些威胁,这些危险在我们看来,是人类历史上闻所未闻、从未有过的。第二次世界大战刚刚结束,就出现了对爆发原子战争的恐惧。今天,这种危险由于国际关系的新格局而显得不那么紧迫,然而,我们看到,对这种武器扩散的失控的恐惧弥漫开来,而面对全球生态所遭受的威胁和基因实验的新可能性,人们的焦虑更加普遍。另外一种担忧同样普遍存在——至少在发达国家里——那就是对生存意义丧失的担忧，以及对似乎是必然伴随无节制的消费而来的深沉的厌倦的担忧。令人想到那个"过于极端的假设"（对尼采来说就是上帝），并且重新使之现时化的东西，就是这些威胁人种生存及其固有本质（连基因密码都可以改变）的危险的彻底性。这种在对地域、种族、部落身份的研究中以及在对这种身份往往是粗暴的断定中表达出来的宗教回归的形式，同样在绝大多数情况下，导致对现代化的否定，因为现代化被视作摧毁生存的真正原因。

从哲学和明确反思的角度看，宗教回归似乎根据完全不同的形态产生，这些形态可以说是和一些理论经验相关联，而这些理论经验毋宁说是遥远的，并且和在我们社会中广泛流传的灾难恐惧引发的具有新宗教性的"原教旨主义"格格不入。与宗教对立的哲学禁令的崩溃——因为，问题正在于此——和伴随科学技术、现代社会体制的发展的各种重大体系的解体相互吻合；而且同样与原教旨主义的消失，或者说，与公共意识（la conscience commune）似乎要在宗教回归中寻求的东西的消失互相吻合。当然，——这里涉及的也是一种很普遍的看法——很可能，宗教的新鲜活力正是取决于这样的事实：哲学和一般的批判思想，由于抛弃了基础的概念本身，不（再）可能赋予生存以意义，因此这种意义要在宗教中寻找了。但是，对处境的这种阅读——包括很多信徒在内，甚至在人们并没有期待找到他们的地方——认为我们由之出发的回归问题已经直接得到解决。换言之，现时条件的历史性被设想为一种单纯的迷失，这种迷失会使我们远离那个永远存在和可用的基础，出于同样的原因,它创造了一种"非人"的科学和技术。从这个观点看,这里要实现的回归,只不过是抛弃历史性,恢复仅仅作为一种"留在本质之中"的可思考的真实条件。由此,我们面临的问题就是要知道,宗教是否像海德格尔所说的那样与形而上学不可分离。换言之,只把上帝当作历史的静止不变的基础是否可能,而一切都从这个基础出发,又都回归这个基础——困难在于为由此而来的往-返指定某种意义。我们应该注意,正是这种类型的困难促使海德格尔要求人们摆脱形而上学的对象的和本质的图型,重新思考存在的意义。众所周知,海德格尔在准备《存在与时间》的关键时期,深切关注宗教与历史性、时间性,最后是与自由、宿命之间的关系的反思。

面对这种矛盾——它不仅仅在公共意识中的宗教回归中表达的基础需求和形而上学元叙事消解之后的宗教本己的再发现(可信性)之间出现——哲学似乎应该试图重新认识并且阐明这两种回归形式的根源,而不抛弃自己的理论动机,并且把这些动机作为对公共意识的彻底批判的基础凸现出来(说此处也体现了哲学和当代公共意识之间关系的一般观念,是没有用处的,我们对此不可能展开更多,可是这种观念,更多地相关于黑格尔对形而上学终结和作为后来的现代社会的支柱结构的科技完全发展之间关系的反思,而不是带有黑格尔印记的历史主义。换言之,海德格尔本人,或者不如说特别是海德格尔,把哲学作为被思想理解的本己时间,作为一种被正题反思的表达来思考,来实践,这些正题在默默地归属通识之前,构建存在的历史和时代的构成环节……)

在我们社会中表达出来的宗教需求,在哲学中表达出来的宗教（及其可信性）回归，二者的共同根源，今天是由作为科技时代——或按海德格尔术语"世界观时代"——的现代性的参照所构成的。如若批判性反思想表现为对公共意识的宗教需求的真正解释，那就应该证明，这种需求并不满足于单纯地恢复"形而上学"的宗教性，即逃避现代化混乱，逃避世俗社会的巴别塔，来追求一种改头换面的原教旨主义。这样的证明是可能的吗？这个问题仅仅表达了海德格尔哲学的基本问题，但它同样可能被读作尼采超人计划的变种，把人描写为有能力上升直至重新统治世界的可能性。通过回归形而上学根基的上帝，而对迟来的现代社会的问题和混乱的特性作出反应，用尼采的话说，就意味着拒绝超人的挑战，或不如说，意味着是尼采视作所有不接受这种挑战的人的不可避免的受奴役的处境（如果我们想到个体和社会的存在在群体交互社会承受的各种变化，那么这种超人和奴隶之间的轮换并不显得纯粹是玩弄辞藻，也并非那么似是而非）。此外，按海德格尔的观点，很明显，以回归作为基础的上帝而对后现代的巴别塔作出反应仅仅意味着企图脱离形而上学，把恢复形而上学"以前"的一种表象和它的最终解体对立起来。而这"以前"的表象只有更加脱离——仅仅在表面上——人们要脱离的现时条件时，才表现为是可以欲求的。海德格尔强调：等待存在重新对我们说话是必要的，而且存在的呈现对人的任何主动性而言都是优先的（我自然想到的是《何为思？》以及有关人道主义的论著）。这种强调仅仅意味着：对形而上学的超越不可能鉴于这样的事实：即以理想本真性的条件与现代科技的蜕化相对立，因为存在，只有在事件中才呈现出来，并且恰恰是："危险所在，必是有更多拯救之处"。超越形而上学和它最终瓦解的阶段——迟来的现代性的巴别塔及其对末世灾难的恐惧——只应该通过以并不纯粹是"反应"的方式（我们还是使用了尼采的术语）回答存在的召唤来寻找，而存在只在其事件之中呈现，也就是说只在科学技术和整体组织的世界中，在摆治中才呈现。我们知道，技术的本质并不是某种技术的东西——正如海德格尔不断提醒人们注意的那样。以这种观点观察技术，换言之，把技术视作根基思想中的形而上学和存在之遗忘的终极点，恰恰意味着要准备通过存在本身的技术命运的非反应性倾听来超越形而上学。

公共意识在回归宗教的过程中，倾向于采取一种反应的立场。换言之，它倾向于把自身展示为对最终不可动摇的根基的怀旧般地追寻。在《存在与时间》的术语中，这似乎只是朝向非本真性的（结构的）"势"，这种非本真性归根结底是建立在生存的有限性的基础上。哲学则仅仅以本真的可能性（也是结构的）——还是在这本书中——与非本真性相对立。本真的可能性是通过对存在的分析，对可趋向自己死亡的存在的投射的分析而得以发现。但是，作为对存在史的追忆和倾听，在超越形而上学计划的术语中，这样一种哲学和公共意识的对立——根本上讲是柏拉图式的——并非不可设想。哲学可能应该被设想为对批判的倾听——换言之，就是对存在的"命运"，对这种命运的曲折变迁的追忆——的召唤，这种召唤只有在非本真性的条件下才是可倾听的，这种非本真性并非被设想为结构的，而是与存在的事件紧密相关，在这种情况下，也就是与在形而上学最后阶段中存在的呈现紧密相关。如果强调这种宗教经验——对于我们是回归——的呈现的非偶然特点，那么,我们可以把这陈述得更加简单明了。

正(仅仅)是由于形而上学的元叙事已经瓦解,哲学才重新发现宗教的可信性,并且能够超出启蒙时代的批判模式来审视公共意识的宗教需求。针对通识的思想批判的任务,就在于阐明这样的事实:宗教回归在这种意识看来,也是同样被积极地规定的,因为这种意识在迟来的现代性的科学和技术的世界里出现,也就是说,它与这个世界的关系不能够单一地用逃避和论战交替的术语来设想。或者,至少,从形而上学和存在论之间的差异的观点看,用其可以重新还原到所谓的自然法则、还原到本质规范(教皇所说的技术)的术语说,那也就是一回事。

可是,回归的形态(也就是历史实在性)对于宗教经验是根本性的,而不是偶然的,这个事实首先并不意味着,或并不单单意味着我们想要回归的宗教,应该表现为是被它对形而上学终结时代的归属所规定的。首先,哲学从回归形态的本质性经验所汲取的,是在人为性和或然性意义上宗教与实证性之间的普遍同一。也许,我们在此只是表达了被宗教哲学最经常地指示为造物性的东西,造物性构成了宗教经验的本质内容(可是,即便是与传统哲学-宗教反思的接近或依附,也没有任何抛弃的理由:这是在此涉及的实证性的另一个方面)。

一般说来,重新对宗教进行哲学思考的可能性,似乎从根本上取决于我们上面指出的实证性的两种意义之间的关联:一种实证性是,依据它,对于重新找到的宗教经验的内容来说,具有决定意义的是,宗教回归是在这迟来的现代性中的我们的生存的特定条件下产生的,而且,它相对于这种生存而言,并不独独被规定为向生存之外的跳跃。其次,回归本身表明它的实证性作为宗教的一种构成特性,由于依附于原始的功能,可以被读作造物的维度、依附(或许是施莱尔马赫意义上的)。

因此,正确地评价回归经验的意义,首先意味着仍然立足于实证性的双重意义的视域中,意味着作为具体而且完全确定的历史性的造物性;可是,反之,作为来自一种非形而上学结构的基本根源,历史性也具有或然性和自由的各种特征。因此,置身于这种关系之中并不简单:"形而上学"宗教性的历史似乎明确指出如下困难:即实证性完全被消解在单纯的造物性中,结果是生存的具体的历史性仅仅被视作有限。超出有限,宗教经验就会让我们实现一种"跳跃"(到上帝、到超越之中),或者至多应该被视作"体验"之所在。我曾经在别的地方要说明这样的冒险(可能不只是冒险)在勒维纳斯的思想中是如何表现的;而且,从某种意义上讲,这种冒险也标志着德里达的立场(至少,暗含在《书写与差异》中有关勒维纳斯的那篇评论中)。自然——如果我们考虑到洛维特对现代历史主义的犹太-基督教根源的出色阐释,那就会更加清楚了——与这种冒险配当的立场在于实证性和世俗历史性的同一,而这种世俗历史性却把神性带回到历史决定论:即黑格尔所说的作为世界法庭的世界历史。通过对这种实证性的强调,我们要说的当然不是黑格尔,而是谢林,即使不期望对他的后期哲学有任何"忠实"。从谢林的实证哲学那里到此显示的宗教观,特别保持了对神话学的关注。这种宗教观——在此可能标志着某种差异——更多的是作为叙述事件的最恰当的语言(这些事件,我们已经说过,在两种意义上讲都是积极的,只能在神话的形式下得到传播),而不是作为超越理性的真理的最适当的认识方法。帕瑞伊森对宗教经验及其与神话①关系的思考——始终参考谢林——在此显得尤为重要，即使这种思考有待加强，以防止宗教经验的实证性沦为纯粹造物性（由此产生的倾向是：在非历史的抽象化中接受神话思想，以及承担区分基督教神话和希腊神话的困难②）的任何可能性。另外，神话这个词，在此是作为我们赋予它的双重意义上的所有积极因素的标志在起作用。历史性正是在此体现出来，同时，这种历史性是如此这般，并且（也是因为如此）不能还原为世俗历史性的内在性。因此，我们又发现了哲学-宗教思考的另一个重要方面（不管这种思考是否是当代的），这个方面就是强调作为他者的突然闯入和作为历史横向过程的中断的"宗教人"(le religieux)（目前，我还找不到其它合适的词）。我认为，这并不是说，这种中断和突然闯入太经常地（又一次）被设想为对历史性的"悲惨可怕"的纯粹否定，被设想为一种新的绝对开端，这种开端否认与过去的一切联系，并且与超越建立纯粹垂直关系，而超越反过来被视作永恒根基的形而上学的纯粹完满。

宗教经验所有典型的积极内容被带归到实证性的一般项的神话上面，这些内容和神话一样，并不都能够用推论的理性的词汇表达出来的。因此，比如说，对宽恕的需求，要大过于对过错和原罪的感觉。对我们在此指明为宗教经验典型的内容的东西，没有什

---

① 参见论文集《自由的哲学》(*Filosofia della libertà*)，Einaudi 出版社，都灵，1994 年。
② 我在《解释的伦理学》(*Etica dell'interpretazione*)中广泛地阐发了这个问题。Rosenberg & Sellier 出版社，都灵，1989 年。

么可奇怪的,也就是说,对宽恕的需求更甚于对过错的感知,甚过于对恶及其不可解释特性的知觉。我们很可能在此触及到历史的一个特性,宗教经验遵循这个特性在今天又重新在我们面前出现:事实上,无论是对过错的强烈感知,还是恶之经验的极端维度,似乎都与我们毫不犹豫叫作主体性的形而上学的观念密不可分,这是一种自由的夸张的观点,它似乎遭遇到在今天重新发现宗教的这同一种精神性的太多形态。或者可以说,如果在今天,宗教真的向我们重新表现为一种深刻的、从哲学角度看是可信的要求,那么,这同样并且特别是因为现代主体所体验的理性主义信念在全面瓦解。正是由于这个原因,对过错的感觉和恶的"不可解释"的特性是如此至关重要,如此具有决定意义。当主体不像言明或不言明的理性形而上学精神状态所意味的那样自视甚高,恶和过错就不那么被看作"丑闻"。然而,这并不妨碍有限的经验——特别是作为我们对别人(甚至是勒维纳斯所说的他者)向我们提出的"问题"所做的不恰当的回答——作为"补充"的需求表现出来,我们除了把这种"补充"设想为超越的,不可能做其它设想。把基督教传统的三德的意谓以及康德实践理性的公设[①](至少是包括上帝存在和灵魂不朽的公设)归结到这种需求——它同时也是一种要回答他人的要求以及召唤能够补充我们回答不足的超越性的欲望——上面来,也许并不太困难。

包括了我们建议在此给予规定的实证性的神话的视域,除了

---

① postulats,也有译作"悬设"。参见邓晓芒译:《实践理性批判》,人民出版社,2003年。——译注

宽恕的需求，还包括宗教经验的其它构成方面：人们用以直面死亡（本己之死，但首先是他人之死）之谜、痛苦之谜的方式，以及祈祷的经验，这可能是最难从哲学角度用理性术语表达的经验。从其都是和生存的极端或然性相遇的方式，都是建立一种"归属"（也是来源）的方式的意义上讲，宽恕的需求以及死亡、痛苦和祈祷的经验都可以被规定为"积极"的，而且也是从这样一种意义上讲，即我们很难确切地指明回归、降临，至少是总是显现为重新获得我们所已"丧失"的地位的回归〔在中世纪神秘主义者所说的异域（regio dissimilitudinis）中〕，而我们在经验本身之中却体验着这种回归。

但是，再说一遍：这些积极的"内容"（极富特色的积极）、回归经验的积极内容——宗教人在这些内容里面向我们显现——之所以也是积极的，特别是出于这样的意义：这些内容不是出自对自身的抽象反思，不是出自一般人的自我意识的深化，而是在一种已经被规定的语言中构成为给定物，这种语言或多或少就是犹太-基督教传统的语言，即《圣经》的语言。从此，说回归到《旧约》和《新约》的圣经文本，难道不是更加正确的吗？为什么，比如，强调对宽恕的需求，而不是简单地强调原罪，强调救赎的应许、道成肉身的叙事、耶稣受难、耶稣之死和耶稣的复活呢？但是，我们所体验的回归，难道不就是一种对《圣经》真理的回归吗？我们能否正确评价回归的经验，把它设想为一种只关乎我们的运动，一如我们重新找到一种被遗忘的对象，即总是原封不动停留在某处，等待我们——由于某种原因（我们的文化，当代社会）——重新发现它的神圣《圣经》?如果,作为理解哲学的解释学只能在犹太-基督教[①]传统中产生,那么同样,这种传统仍然深深带着解释学的印记。这就是我们能够对之抽象化的实证性的另一种形态:我们在这样一个世界里体验宗教回归,在这个世界中,各种文本,特别是《圣经》文本的效果史(Wirkungsgeschichte)[②]的意识也同样不能回避。换言之,我们体验到标志我们的宗教经验的圣经文本,在一种传统的内部呈现出来,而在文本的中介不让这些文本作为不可改变的对象存在的意义上,这种传统传递这些文本——同样,也许所有正统观念对于圣经文本文字的强调,恰恰比这种强调更多地表明中介的这种不可补救的状态。回归经验的特征,让人有点眼花缭乱,但仅仅是有点而已,它们已经属于圣经文本本身——《旧约》和《新约》——我们就要回到的文本。宗教经验向我们表现为一种回归,这已经是"我们在犹太-基督教圣经文本中经历了这种经验"的事实的标志和结果。从奥古斯丁和他对三位一体的反思开始,基督教神学在其最深厚的根基上面就已成为一种解释学神学:解释的结构、传递、中介,无疑还有失落之人,这些都不仅仅关乎预兆、上帝与人之间的沟通,它们还规定了上帝本身的内在生活,出于这个原因,上帝不能用不变的形而上学的完满(与之相对的启示只不过是"后来"的一个插曲,一个事故而已)的术语来思考。

我们难道不是仅仅用圣经和神学的术语表达一个相当清楚的

---

① 请允许我回到"救赎的故事,解释的故事"(Storia della salvezza, storia dell'interpretazione)一文的论点,Micromega 3,1992 年 5 月,第 105 – 112 页。

② 参见伽达默尔《真理与方法》中提出的"效果史"概念。法译本,色伊出版社,1976 年。

哲学主题,即存在或然性的主题?也许是这样。但是,正是从存在之或然性观点看,把这个事实当作边缘的东西,那是自相矛盾的,正如哲学从自身出发而达形而上学的超越问题,"结果"发现自身与犹太-基督教传统内容的相似之处。存在之或然性因此被确立为一种被客观地触及的给定物,而这种触及凭借的是两种思维模式,形形色色的经验形式,而这些经验形式的每一个都是通过各自不同的途径得以实现:又一次,作为与独立给定物偶遇的模式,由任意什么始源置于存在本身之中。但是,显示为和三位一体神学"类似"的哲学并不来自另一个世界:回答超越形而上学召唤的哲学来自犹太-基督教传统,超越形而上学的内容只是这种始源的成熟意识,而不是什么别的。

正如我们所知,问题不在于发表哲学讲演,给宗教的可信性以位置,就像被设想为对宗教经验"友好"的"开放"哲学,归根结底总在思考宗教经验:始于致力于阐明信仰开端(preambula fidei)的观念,无论这些观念是作为形而上学类型的自然神学,还是作为有限性和要求跃入超越的存在问题特性的人类学理论(甚至谢林从否定哲学向实证哲学的过渡,无疑也如此而已)。在我们指出的意义上的实证性经验的宗教经验,似乎更多地是对哲学与宗教之间关系的各种传统形态提出根本的质疑。我们在公共意识中,在不同术语中,在哲学话语中(在其中会遇到与宗教相违的形而上学、科学或历史的判令)所体验的宗教回归表现为对实证性的发现,我们认为,这种实证性,就其意谓而言,是和存在之或然性的思考同一的,从海德格尔开始,哲学就触及到了这种思考。如果这种同一性要和自身的内容完全一致,那么对它的证明就不可能只是一般的证明。正是对存在之或然性的思考排除了人们可以通过两种不同思维方式分析同一种形而上学的结构。实证性或或然性引起我们对始源的关注。提出超越形而上学问题的哲学就是在宗教经验中发现实证性的哲学,但是这种发现正好意味着对来源的意识,这种意识是否可能或应该导致回归其固有始源? 换言之,哲学在发现它来自犹太-基督教神学的过程中,是否会因此排斥自己的形态,以恢复自己的原始形态? 如果在此显现为始源的神学内容本身不排除始源的形而上学的所有优先性,换言之,如果这种神学不是三位一体的神学,那事情就是如此。这样一种来源对于我们的宗教经验具有根本意义,这也是宗教回归的显著特征,并且构成了不再是形而上学的哲学的结果,同样也构成了被这样重新发现的宗教传统的"内容":三位一体的上帝并不是要我们回归形而上学意义上的根基,用《福音书》的语言说,上帝毋宁是要召唤我们去阅读时间的符号。总之,按照尼采的"极端"的裁决,对始源的逐步认识使始源变得更加无关紧要,这种裁决既适用于哲学也适用于它所重新找回的宗教,虽然用语不同。这样的说法,并没有什么相悖之处,可理解为对基督教三位一体神学的最后的回音。

重新找到对宗教来源的认识,对于哲学来说,并不能通过向后一跳而得到解决,就象要找回哲学自己的真正话语那样。而这样,正是为了不违背被重新找回的东西的意义。这是否意味着停留在人们发现自己归属的过程之中,而这种对来源的认识,除了加强这种归属外,不包含任何别的意思。可是——正如各种极端的历史主义自相矛盾的性质所表明的那样——这样一种立场只会给予这个过程一种断然和强制的本体存在的价值,而这种价值同样建立在形而上学的基础之上。在此,我们遇到了难题,这也是超越形而上学的思考在前进道路上一再遇到的难题(从《存在与时间》的不可能性的结论开始):如何借助一种语言谈论存在的事件,这种语言始终被本质的稳定性所借用;或者(在后现代性的主题下)如何宣布"元叙事"的终结,如果不是讲述它们解体的历史的话?

也许正是(并且仅仅是)在哲学根据三位一体神学承认自己的归属的时候,它才准备要跨越这些难题,或者至少要从中发现并非纯粹矛盾的意义。这说的正是三位一体的神学,而不是随便什么"自然神学",什么一般的向超越的开放等等之类,这点通过(至少,根据我在别处更详细阐发的论点①)那些构成某些哲学的形而上学之影响的东西得到肯定,这些哲学虽然受到宗教感情的深刻影响,却并不在存之或然性的层次上,而是趋向用"本质主义"和结构的术语重新思考或然性本身。勒维纳斯正是这样做的,在他看来,哲学更多地是作为"他者"的闯入而向着宗教经验开放的,而这种闯入最终融入或然性的瓦解之中,这种或然性丧失了任何特殊含义。在勒维纳斯的著作中,很难找到对"时间符号"的关注。时间,人特有的存在时间性,只可能对上帝的永恒发出信号,而永恒则被揭示为纯粹的相异性,并且召唤责任的来临,我们只能偶然地把责任视作历史地规定的(我们的邻人永远是一个具体的人,而且恰恰就是:永远)。

自然,对勒维纳斯的参照不仅仅是形而上学的其它影响之中

---

① 参见"形而上学,暴力,世俗化"(Metafisica, vilenza, secolarizzazione),载"Filosofia",86,Vattimo主编,Roma-Bari,Laterza,1987年,第71-94页。

的一个例证。在努力推动超越形而上学的当代哲学家中，勒维纳斯无疑是走得最远的一个（他称形而上学为"本体论"），他在希腊根源之外，又发现了西方思想的《圣经》根源。《圣经》的遗产使哲学回忆起我们所谓的"存在之或然性"——用海德格尔而不是勒维纳斯的术语——同时引导哲学重新认识希腊始源的形而上学本质主义的暴力特性。但是，只要"回归"停留在《旧约》的限度内，"回归《圣经》"就超越不了对造物性的承认。如果说，哲学重新找回的那个上帝仅仅是天父的话，那么，离形而上学思想的根基就不那么遥远——说实话，我们这样是后退了几步。

后形而上学思想在努力摆脱单纯在场的限制的过程中，遭遇到存在之极端或然性，这种或然性并不只是在造物性的启示下成为可理解的，因为造物性仍然停留在"自然"的、结构的，并且用本质主义思考的宗教性视域之中。似乎仅仅是在上帝之子道成肉身的基督教学说的启示之下，哲学才能够被设想为对时间符号的阅读，而又不沦为时间流程的纯粹被动的记录。"在道成肉身的启示下"就这样再一次构成一种表达，这种表达试图把握一种关系，而这种关系非确定的问题维度构成了或然性经验的核心本身；这里说到的上帝的道成肉身，并不仅仅是一种以神秘方法表达哲学最终发现的理性研究的结果的方式。道成肉身也不是哲学陈述的、被解密并回到本己意义的终极真理。正如我们在前面的阐述中以不同方式说明的那样，这种在哲学和宗教启示之间的关系就是道成肉身的意义本身。换言之，上帝道成肉身，首先在《圣经》戒训中被揭示，最终产生存在之或然性的后形而上学思想。这种后形而上学思想只有在重新找到自己的《新约》来源时，才可能代表一种存在之或然性的思想,这种思想不会沦为在者的纯粹接受和纯粹历史与文化的相对主义。换言之,是道成肉身赋予历史以救赎启示的意义,并且不仅仅是搅乱真实存在的纯粹结构特征的事件所堆砌的模糊意义。历史也应该有,或正好有救赎的意义(或按哲学术语:解放的意义),同时,它又是戒训和回答、解释的历史,而不是"发现的"或"真正在场"的历史,这一切,只有在道成肉身学说的启示下,才可能想象。

哲学努力超越形而上学,回答时代的召唤,而在这个时代,哲学表明其为不可追求的(这是尼采所说的,海德格尔称之为尼采强力意志的标志的虚无主义),在这种努力中哲学——就这样变成了解释学,变成了对被传训诫的倾听和解释——被要求做出放弃,放弃"在场"的专断而确定的维度。正如尼采所说,没有事实,只有解释,这并不反过来构成一种确定的事实,而仅仅构成一种解释。这种对在场的放弃赋予后形而上学哲学,并且特别是赋予解释学以一种不可避免的有限特征。换言之,超越形而上学,不可能像虚无主义那样突然发生。然而,虚无主义的意义如果不应该反过来融于虚无的形而上学——就像人们设想存在最终在其中不存在,而非存在、虚无却存在的一个过程那样——,那这种意义就只能被设想为一种不确定的还原过程,一种消失。脱离了道成肉身的前景,这样的思想难道可能吗? 这正是今天的解释学最终应该回答的问题,如果真的想在海德格尔发出的对存在追忆(即事件)的呼唤所打开的道路上前进的话。

马利耶纳·莱约拉译自意大利文

思考宗教

——象征与神圣

欧仁·特雷阿

1. 理性与迷信

最近发生的一系列事件,成为媒体关注的首要问题:比如东欧专制制度的解体,海湾战争,南斯拉夫冲突。这些事件非常清楚地表明了宗教或宗教-文化基质的极端重要性,这些基质支持着社会,同时又争夺世界的霸权。相应于对被恶魔化的敌人发起十字军远征的号召,是重建(基督教)精神的适时宣言,这些宣言要补充由于政治制度解体而留下的(意义和价值的)空白。

所有这些都是一场全面危机的标志和前景,它会影响西方自启蒙时代以来所形成和建立的理性的观念或理想。因此,擒牛先擒角,而不必在这场危机的展现过程中害怕什么。我们的明智祖先提出的这种理性,完全无视现在以不均衡的强劲势头出现的这些宗教基质。

这种理性从来不愿意理解这些基质的丰富及其存在理由。理性把这些基质当作影子或替罪羊来使用,以此把自己奠定或构建为至高无上的理性。在理性和宗教的斗争中,理性要求寻找的是自我证明。对宗教的裁定和批判,使用的是我们的罗马祖先所创造的一个不光彩的词:迷信(superstition)。

迷信,这个词被律师、执法和官僚群体当作被罗马宗教——在他们看来是唯一合法的宗教形式——的(被谴责和唾弃的)黑暗反面来使用。面对宗教所恪守的严格而且考究的官方或家族的礼仪,这些人用"迷信"这个词来命名东方化和异国情调的各种宗教形式,这些形式尤其在罗马帝国后期,损害了官方宗教传统的纯粹特征,而为民间急切的拯救要求提供了生命养料和意义。

迷信无疑要求死后还生,这是某种类似罗马称霸之前的先辈世界的残留之物。韦伯指出,这个词是从希腊文 extasis 翻译而来。面对心醉神迷的(迷信的)宗教,即古老的诸神之母(阿纳托利亚、伊希斯、伊希达尔、阿芙罗狄蒂①)崇拜的死后还生,及其血腥的祭祀仪式,如在屠牛救赎节中的祭礼,或希埃拉波利斯②时代的酒神节中著名的可怕祭礼;面对高卢人的卑劣入侵(这些高卢人可悲地自比为仙女之子亚梯斯③而自戕),面对诺斯替教派或基督教的米特拉④崇拜的秘传祭祀,这种具有礼仪和法规特点的真正罗马人的"理性宗教"兴起了。这种宗教拥有国家官方的崇拜,或祭祀先人的私人或家族的仪式。只有这种宗教才可能获得具有生命力的广阔前景,而且由于来自斯多葛主义和后来的柏拉图主义的

---

① 阿纳托利亚:土耳其富饶丰收女神;伊希斯:古埃及神话中的生育女神;伊希达尔:闪米特人传统中的天神;阿芙罗狄蒂:希腊神话中的美神。——译注
② 希埃拉波利斯:小亚细亚古城,约建于公元二世纪,毁于地震。——译注
③ 亚梯斯:古代小亚细亚神,对他的崇拜从东方转向西方。——译注
④ 米特拉:古波斯太阳神。——译注

哲学的补充而获得意义。

在欧洲为达到人类成年时代的自我意识感到满足和幸福（康德）的辉煌之中，这种古老的罗马特点再一次出现。启蒙时代，特别是法国启蒙时代，寻求着这种隐约具有自然神特性并具有情感倾向的"理性宗教"，一种符合"人性"、符合"一般天性"、在根本上有别于"迷信的"欺骗活动——僧侣阶层和粗俗专制者用以操纵无知贱民——的宗教。正是在这种明确界定的基础上，上述哲学家们——这些现代新闻的先驱——的开明宣传建立了自己的辉煌意识。

所谓浪漫和实证世纪的各种"怀疑哲学"，在这方面更为精细。如果说它们继承了伏尔泰式的苛刻风格，那么它们发挥得更加淋漓尽致。这些哲学对宗教的批判是间接的、侦探式的：它们并不谴责宗教的"迷信"，而是试图对之提出问题，对之展开审判程序，在这个过程中，宗教甚至在不知不觉中向科学家，向分析学家揭示它拥有的真理和意义。打开这种真理和意义的秘密钥匙，当然掌握在探索者手上：他在开始这个过程之前就知道有把钥匙。不同于解释学的各种"钥匙"，我们在黑格尔、马克思、尼采、弗洛伊德、杜尔凯姆的宗教研究中发现了相同的方法。

宗教于是被理解为令人不满和不幸的社会-经济处境中的意识形态和虚假良知，是无情世界中的替代的抚慰形式，是极乐和幸福的可能形式，应该在阶级斗争和所有制关系之中寻找获取其意义和真理的钥匙。概言之，这就是马克思、恩格斯及其追随者们眼中的宗教。

或者，宗教被设想为对艺术和哲学中间掩盖在表象形式或面貌下的绝对本质的揭示：那种尚未达到适合真理的形式，即它的观念形式的揭示(黑格尔和他之后的正宗弟子们就是这样理解的)。或者,被理解为人类——或作为类存在的人——本质的抽象和异化的反映,甚至被理解为在抽象化和分离中的人的各种异化的范式。基督教的三位一体论,以某种方式已经揭示了这种人道主义福音的真理,尽管是以这种仍然被异化了的形式。基督教,作为人的宗教,似乎仍以错误的形式促进科学和真正哲学的"人类学"发现:费尔巴哈。

我们还可以把宗教理解为一种正在衰落的权力意志的表达和征兆,一种要用毒害内心的感情污染所有肯定意志的病态意志的表现:这事实上是一种怨恨的感情,渴望复仇,极力对抗任何生命力和任何超越。神职的权力就这样出现了:它能够颠倒评判和价值,能够把那些仅仅是坏的、有害的和不理想的东西设想为恶毒和凶险的。

宗教于是就以最显著的形式成为神职阶层创建的反-价值。或者,以最崇高的形式(释迦牟尼,拿撒勒的耶稣),精粹地表达一种权力意志:这种权力意志急速走向衰败,并且在耗尽其绝对自我取消之前,极度惶然地宣告虚无的福音:尼采。

最后,宗教被赋予"幻想"的身份,它徒劳地反对必然性和命运("现实原则"表达的)。在"内在的人"占主导地位的世俗时代,这种幻想躲进个别主体的秘密之中,提供了与共同神经官能症配当的多样的形式。

宗教的幻想于是像无意识的发动机那样运作:它通过复杂的神秘体系损伤并固定自己的形体,就像歇斯底里发作中的情况那样。它通过复杂的典礼仪式规范最私密、最不光彩的放肆逾距,就像在压迫性官能症中出现的情况一样。它引发了神学或神谱的建构,这些建构又把被分离的主体推向迫害者和被迫害者交替的双重形象,就像在偏执狂中发生的情况那样。或者,它把被分离的主体的死亡和丧失之面提至偶像的地位,而与之相对的主体的生命一侧,也仍然面对着死亡,就像忧伤中发生的情况那样。

　　黑格尔的绝对精神——艺术、宗教和哲学三位一体——按弗洛伊德及其弟子们的说法,已经被恰如其分地揭穿了。宗教就其艺术面貌而言,是歇斯底里的表现;就其哲学和神学面貌而言,是偏执狂的表现;从文化特别是宗教角度看,是强迫症和忧郁症。

　　在《怀疑的哲学》中提到所有这些不同说法的解释能力令人叹为观止,宗教的经验和现象在其中经受了理性(唯心的、唯物的、谱系学的或精神分析的)特定观念的判决和裁定。但是,在这些探讨中,人们不能忽略一种难以讨论的手段:所有这些不同说法都从外部来解释宗教。人们以理性和博学为前提,认为宗教就其本质而言,是幻想,是意识形态,是不恰当的观念,是病态,是虚假的良知。

　　不可能在经验视域内和经验在其中表现的游戏(语言或实用的游戏)空间内找到宗教的真理和意义。我们认为,宗教的真理及其意义在幕后,永远在幕后,在无意识和隐秘的基质中,而哲学家、科学家或分析学家应该把它弄清楚(并揭示出来)。

　　宗教,作为理性的试验品被引至科学、理性(或强力意志的谱系)的法庭,目的只有一个:接受检查、质疑、检验,接受调查。宗教经验和"语言游戏"的全部财富和变种,在其无意识的真理的背景下,再次被引向这条意义的单行道上,这条道路以独断的方式建立于独断的理性话语中。

但是,也许,理直气壮并大声宣布"逻各斯和理性不是一回事"的时刻到来了。逻各斯是人-主体的特殊符号本身,它认同人-主体,并且把人-主体构成"人的存在"。然而,这种逻各斯,在后期维特根斯坦所说的复杂而多样的"语言游戏"中有所体现,并且得到发挥。这些游戏中的每一种,从原则上讲都具有自身内在的逻辑性,具有自己的真理和意义。此外,正是这种极端意义(人类学和本体论)上的"语言"的游戏,使我们能够把语言设想为人的特别符号本身。

2. 精神的宗教

也许,要为一种新的宗教的出现作准备,那就是从十二世纪起,卡拉布里亚的教士约阿希姆曾经预言过,到浪漫主义和理想主义时代的诺瓦利斯或谢林重新提起的真正的精神的宗教。也许,制止在世界各地爆发的宗教战争的唯一方法就是为一种全新的构建打下基础。只不过,这样一种性质的行为,不会通过自愿的法令出现。为了使之产生,需要各种不同因素的加入。也许,问题只在于打好地基,使得"事件"能够出现。

因为,很明显,以各式各样的信仰表达而仍然存在下来的"宗教剩余",似乎无法把一个正在变得越来越地域化、越来越分散化的世界统一和聚合起来。此外,这些剩余被用来激化相互的宿怨、猜忌和仇恨。从冷战和东西方割据结束以来,世界就鲜明地呈现出多中心的特点,意识形态分歧退而有利于文化基质。这些文化基质,总是扎根于这块宗教底蕴深厚的坚实土地上。文化,就其全部真理而言,总在于于一个社会之上展示特定"崇拜"。然而,黑格尔说的有理,崇拜是构成所谓宗教的不可动摇的复杂而综合的中心。

南斯拉夫发生的令人痛心的冲突,尤其表明真正的"文化差异的事实"——天生就会造成黑格尔的"殊死战争"——显然不是语言(像某种浪漫民族主义所认为的那样),而是宗教。人们可能说同一种语言,但却深信自己属于不同的、对立的民族。是的,一种只是宗教造成的重大差异必然存在。各种文字(西里尔语、拉丁语)特征之间的差异比(共同的)口语要显著得多。在同一种言语中,文字的各种差异要比共同点显得更加突出:这一次,人们可以认为"文字学家"有道理。除非"神圣"在把文字改造成为《圣经》以突出自己在文字中的在场。用西里尔语或用拉丁语阅读,这就是"差异的事实"(这里补充一句:如果巴斯克人是胡格诺派教徒,而卡塔卢西亚人是什叶派教徒的话,那么他们独立已经有好几个世纪了;同样,如果这两派人都说官方语言,学读的是西里尔或哥特文字而不是拉丁文的话,事情亦如此)。

有一点可以肯定,就是这个多中心的世界要求开放的前景。没有哪一种现存的文化形式能够拥有丝毫特权。面对未来,提出"(资本主义)社会形式是在什么样的文化、宗教的框架内出现的,而这种形式似乎是不容抗争的?"的问题,并不是恰当的(韦伯的回答恰如其分的,但今天在卡尔文新教内部遭到质疑)。面对未来,更有预兆作用的一个问题是:哪一种宗教和文化的框架,最适合胜利的技术资本主义的新形式呢?(暂时答案:日本的神道和禅宗文化;毫无疑问,久而久之,是中原帝国的儒家和道家的综合。)

至于目前，我必须再重复一遍：问题是要打好地基，以使思想适合于这文化的多中心，也许它是某种尚不可预见改变的前奏。在这方面，有理由展开各种策略。我在即将出版的名为《精神年代》的书中，试图进行一种对诸多主要观念运动的考古学研究，这些运动曾经引起世界上的各种重要宗教，直至那些主要的哲学体系。我并不要求彻底，而是期图在这本书中深入挖掘当今世界的一些难解问题：印度思想与宗教、伊朗社会、以色列、希腊、文艺复兴、宗教改革、理性时代、启蒙时代和浪漫主义。如果说这一类考古式的探索是必要的话，那么应该在其中补充上更加适合于我们生活的这个世界的探究。也许，重新找到普遍、全球的前景，在今天比以往任何时候都要紧迫。而用一种全球观点与对一种特殊现实的介入相对衡，在今天也比以往任何时候都必要。

在苍白无力的欧洲一体化观念——太盲目相信经济和科层的力量——日益衰落的时刻，在"民族-国家"和一大批要成立国家而没有国家身份的民族出现的时刻，只有两种可能性：或者，全面地对这种解体以及回归（回归到不堪回首的过去）的耻辱过程进行反思；或者，向着广阔的前景开放视野和心灵。也许，问题是要看到比确实统一的欧洲更远一步的地方，说到底，欧洲协调一致的能力仍然显得底气不足。正如我和阿尔古洛尔在《西方的困乏》一书的对话中所谈到的，无疑，不存在不带"形容词"的欧洲：东欧、拉丁欧洲、北欧、盎格鲁-撒克逊欧洲、中欧，或者还有拜占庭-东正教欧洲（保加利亚、俄罗斯、希腊、塞尔维亚）、天主教欧洲、新教欧洲。想仅仅在经济这块动荡不稳的基地上实现这样雄心勃勃的宏伟计划，完全是不可能的。欧洲正在为其最深层的背叛付出代价：没有把文化讨论放在第一位,而要构建欧洲。一年前,我和阿尔古洛尔认为,欧洲是一个困乏的组织。今天我开始认为,欧洲干脆就是处在最后阶段。我真是满怀辛酸这样说的,因为,不言而喻,我的存在、我的生活和我的命运都是欧洲的。

一个正走下坡路的欧洲,背负着铭刻在其心灵深处的内战十字架(因为自身的罪责)。西班牙的再次统一是险恶地通过迂回道路,也就是说顽固地使世俗的魔鬼呈现出来,使围绕着其身份的没完没了的争斗呈现出来而实现的。但愿欧洲向这复杂的世界及其具有明显差异的文化和文明,打开自己的心灵和视野,唯如此才可能找到阿里亚那线团。因为,事实上,这个"世界-整体"确立了一个迷宫,其中每块栏场、每个"档位"都构成了一个特殊的文化领域,而它是在某种特定的,并且来源于辉煌的过去的宗教(文化)的基础上形成并且由之受到启迪:基督教-东正教的,宗教改革派的,伊斯兰教的,什叶派的,印度教的,犹太教的,佛教的……我于是又回到本文开头的最初直觉:首先要认真考虑为新的宗教——精神的宗教——的出现创建合适的地基的可能性。因为,正如拉菲尔·桑切斯·费尔洛西奥这位伟人和智者所说:"只要诸神不变,那就什么也不会变。"

3. 象征与神圣

可以肯定的是:宗教在我们的视域中出现,并且促使我们对它进行认真思考。像伏尔泰那样对待拯救,把宗教称作迷信,或甚至把宗教说成是"人民的鸦片","民众的柏拉图主义",或"幻觉的未来",已经远远不够了。如果再重复(令人恶心)这种"启蒙"的陈词滥调,即怀疑哲学的产物,那我们就会一筹莫展。

因此,问题是要通过思考面对宗教现象。宗教是可思考的。正因如此,有必要强调某种有利于我们使命的现象。下面,我试图把一个使我得以进行这样思考的"关键词"当作导线。这个词就是"象征"。通过这个词要表示什么?为什么要强调这个词?为什么把这个词当作最能引导我们对宗教现象进行思考的词?

所谓的"象征"的意义何在?我从这个词所理解到的是"神圣"可感知的和显明的启示。我认为,宗教是一种对于神圣的归顺(当然,考虑到这个词的词根表达的双重意义:敬神/圣洁,sacer/sanctus)。

问题在于思考象征并且确定从这种思考可能推论出的范畴。为此,必须考虑到这个词的本来意义和它在词源上的意义。我们要说的远不只是(名词)象征,而是(动词)象征。事实上,我们可以参照这样的行动:即把同一枚钱币或奖牌的两个残片"同时抛起",二者互相呼应,表示要结合起来。

残片之一可能被视作能够掌握的(人们拥有的残片)。而另一个则在"他处"。象征的事件构成了一个过程或复杂的流变,在这个过程中,会产生这两部分的连接或重合。其中人们拥有的那一部分,可能被视作象征的"象征化"部分。而人们并不拥有的另一部分构成了另外的一半,若没有这一半,第一部分就没有意义,这就是说,第一部分要参照第二部分才能获得意义和意谓(就是构成象征化部分所象征的:即在其中被象征的)。

4. 象征事件

　　象征是一种以分裂为前提的统一。从原则上讲,象征化的形式,或象征的显示和表现形态(对视觉、感觉、听觉),以及在象征中被象征的并构成意义视域的东西,都在象征中相互结合起来。这些东西拥有某些形式、形态、在场,某些特征或词语。但是,我们并不掌握能够识别它们所包含意义的关键。因此就有了作为一出象征正剧前提的原初分裂或分割。作为打开这出剧的扭结的先决条件,某种结合为这流亡的舞台作了准备和安排,上述两个部分在这个舞台上各自分别扮演剧中角色:象征化部分和从中分离出来的部分。这正剧径直朝着重聚、统一的最终结局发展,两个部分就在这个过程中"被抛起"。之后,我们会看到意料之中的二者的重聚。①

　　象征的范畴决定了这种正剧的舞台及构成其论据的过程或流变。这样一些范畴揭示或显示出使最终的事件或正剧结局成为可能的那些条件。② 这些范畴有层次地排列起来:第一级为第二级作准备。第二级又确立了第三级的条件,以此类推。这些正是象征事件的条件充分体现所依据的各种不同的启示。这些启示组成

---

　　① 从根源上讲,任何相认的符号都是象征:为友谊或联合献出一块分成两半的钱币或奖牌。赠予者仍然持有其中的一部分。而被赠予者也只拿着一半,他以后可以出示这一半当作结合的证明,只要把它与赠予者所拥有的那一半对起来即可。在这种情况下,两部分同时抛出,只不过是要看到两部分的结合。由此产生"sym-bolon"的说法,意味着"被一起抛出"的东西。

　　② 在此,我取康德的"范畴"的"可能性条件"的意义(在这种语境中,就是使象征事件的产生成为可能的条件)。这些范畴是必要的条件,只有全部具备,事件才可能发生。此外,这些范畴是事件的连续和有层次的启示。

了一个我们可以以五线乐谱那样的音乐形式来表示的阶梯。假定第一个启示确定了第二个,第二个又确定了第三个,等等,等等。

在这个过程中,我们突出了象征化的形式或形态。可是,这种象征化的形态已经预设了作为根基涉入的一种条件:整个象征展开的母体本身。这样的母体或物质,使得象征具有形体的支撑。当然,为了以象征的"形式"或"形态"出现,它必定应该被构成或被改造。

这种象征物质被揭示为第一条件和范畴,也就是打开通往象征事件中的顶峰的道路和运动的条件或范畴。象征事件若不事先设定物质维度,就不可能产生,物质维度作为阶梯最下层、最基础的音程(用音乐术语表示)起作用。这种物质维度,构成支撑音调结构的低音固定音型。从这个意义上讲,这种物质的或母体的特点在任何象征中都有所体现。

于是,第二个条件在这种象征物质上面建立起来。这种母性的、母体的基质应该顺序排列和规限直至作为"宇宙"出现,才能产生象征事件。这种基质应当为自身"创造"或"形成"一个世界(它承认这种无动于衷的物质的界限、分界和规定)。这样的物质分界显现为一种空间划分(temenos,templum)或时间标志(小时,tempora,tempus:节日的规定)。① 神殿和节日显现为物质转变为宇

---

① Temenos(希腊语:神殿)意为"分界,划分"(词根 tem 意为"切开")。某个神圣空间的分界、划分或界定。比如,用修剪树枝和设置出口开出一片林中"空地"。人们应该重新标志通过修剪树木而整出的空间的界限,因为这块神圣之地的界限是塔布(taboues:不可触犯的,禁忌),或只能在祭礼时才能通过。因此,神殿是神圣之地,有别于"自然的"(原始野生的或有树林的)。这"减轻"了树林密度,出现了奉献给神圣的地方。总之,神殿是作为"地点"的神圣。至于节日,是神圣的时间,或是作为时间的神圣。"时间"(tempus)和神殿(temple)有相同的词根。参见卡西尔:《象征形式的哲学》,法译本,子夜出版社,巴黎,1972年,三卷本。

宙和世界的结果(在空间和时间中)。

由此,我们掌握了作为象征事件的可能性的条件涉入的框架。这个象征事件始终构成一种相遇。或者构成某种在各隐藏处再现的在场和某种认出它(并且规定它的形式或形态)的见证之间的关系。这种(神圣的)在场和这种(人的)见证构成了关联;这是一种以非常显明的方式把这种在场巩固下来的真正的验证关联。正是由于这种验证的关系,在场一如显灵,一如被表象存在的可能形态,一如荣耀的辉煌,一如喷薄的光芒,获得了形式或形态。

这种验证的关系就是这种在场和见证(通过言语或文字)之间真正交流的可能性条件。这样一种口头或书面的交流完成着象征的表现,或者结束象征的象征化过程。作为这种交流的结果,出现了(神圣的)言语和(圣洁的)文字的启示。由此,象征化通过范畴的等级排列的系列仍然是固定和封闭的。

这最后一种(口头、书面的)范畴构成了和被象征物相关的第一种范畴的(物质的)条件。通过(口头、书面的)交流被完成的启示,现在要求一种注释:一种参照或一种意指(rémission),从显明的象征化方面(对言语或文本的字面意义的解释)到能够揭示其意义的各种(解释的)钥匙。如若没有事先的显示或(诗意、预言、得到灵感的)启示,这样一种意指是不可能的。但是,一旦这种显示结束,人们就不得不规定获取这些钥匙的(注释、寓意的)方法,这些钥匙就像意义的观念形式那样起作用。

只不过,这些形式或(柏拉图主义、诺斯替派、新柏拉图主义的)这些观念一开始就遭遇到最终的障碍,使得注释和寓意热情受到压制。意指(rémission)或参照从这种观念或形式出发最终导致任何意义似乎都被取消的绝境。这是因为象征(和寓意或观念图型法不同)总是提供一种剩余的神秘意义,这种意义揭示了这样的事实:象征的特性从结构上讲是与秘密、坚固、圣洁(saint)的(与 sacré 相关,这是从这个词特殊的双重意义上讲的①)基质相关联的。意义的理想条件就是作为这种向着神圣上升的条件而起作用的那些条件。

但是,这种神秘的相遇,如要作为象征事件的完成,就应该回到在其中能够产生上述两个方面——象征化和被象征——之间的联系的氛围之中。从这个意义上说,神秘使这种否定和极端的上升之回归成为必然的,这种上升趋向的是具有超验因素的东西,趋向象征可能在其中经受考验的边缘空间,而象征与此同时试图使自己成为象征化部分和被象征部分之间的接合。

正是在这种边缘空间中,发生了象征的完成:象征的两个部分——象征化和被象征——获得了它们的聚合以及它们共同发生

---

① 这种双重意义至今仍然存在于希腊语和拉丁语(和卡斯蒂利亚语)中:agion(圣洁,saint)和 hiéreon(神圣,sacré)。这里说的是同一种现象(le saint-et-sacré)的两个互相关联的维度。saint 指的是至高无上之所在;不能被见证者触及和抚摩(甚至不能被看见)的东西。sacré 则相反,它可能被触及,人们可以同它一起(在崇拜和祭祀的对象中)活动,连同那些可能被摧毁、被消耗的东西。sacré 可以指某种应该加以排除的可憎的东西。因此就意味着"可憎的、可排斥的、卑劣的"(拉丁文 sacer 即如此)。可以参见弗洛伊德的《图腾与禁忌》。关于把 sacré 表现为引起恐惧和/或诱惑的一种神秘,有双重的方法,这可参见 R. 奥托:《论神圣》。奥托把"le saint et sacré"当作"伟大他者"的彻底相异性的经验的观念化的参照。这里涉及的是封闭在"奥秘"之中或孕育着某种隐秘和封闭或关闭的东西的相异性(Mystes:自我封闭)。这样一种神秘产生了双重经验:sacré 神迷和诱惑一面的经验以及 sacré 威胁和可怖一面的经验。这两个维度是紧密相联的。

的地点。象征在此时最终作为一个事件发生了。象征实现为象征，或者抵达其内在的终极目的。它于是接受为它准备和安排的一切条件，同时作为象征事件自行运作。

5. 象征的范畴

让我们试着在象征的所有维度中思考它。在此，我们把象征理解为一种具有口头性质的事件，这是考虑到这个事件的两部分被"一起抛起"：一枚奖牌或钱币被一分为二个相等部分。因此问题在于确定使这种象征事件成为可能的那些条件，这两部分由于象征事件而得以对合。其中一部分作为象征的象征化部分（可掌握的残片）涉入进来。另一部分则作为可掌握部分为充实其意义所要参照的部分（从显象循环中脱离的部分）；这是可掌握残片的意义能够在其中被规定，或能够提供解决方法、解释方法的部分，这一部分赋予第一部分以意义，使之能够把规定它自身的"象征化"这个最终目的推到极致。

而某物或某个对象并非因此就成为象征，或能够优先成为象征。在此，应该谈论的是这样或那样的象征事件，而不是这样或那样的象征。我们应该证实并验明钱币或奖牌的两个残片原则上是分离的，是能够被对合或分离的。它们能够相互对合，于是象征事件得以实现。

象征的各种维度，其实就是使这样的事实或两部分的对合的到来成为可能的条件，这是通过把原来分离的东西接合起来而完成的。这样一些条件作为真正的象征范畴(康德最严格意义上的范畴)涉入进来。

因此,问题在于规定那些不同的范畴,行为、事件——象征的两个部分在其中接合——从这些范畴出发得以进行。这样一些范畴的建立,只能随着运动的过程,而这种运动是在这两部分的对合中进行的。因此,这些就是各不相同的层次和等级,它们导致这样一种决定性的考验,即一种决定性的经验;象征化和被象征这两部分在这种经验中"被一同抛起"。这些就是这种象征过程的阶段或阶梯:一种见证的不同阶段,这种见证在最终的象征验证中得到结果或得到解决,它构成了象征行为本身。

这种阶梯特性允许以各种音乐术语和不同的解决方法赋予这些范畴以形式,这些方法适用于象征空间,即应该被遍及的领域,以使象征的行为或事件发生。这些范畴首先应该考虑使象征化部分成为可能的条件;其次,考虑那些使在象征化中被象征的东西成为可能的条件;第三,考虑那些关于接合或耦合的条件。对这些条件的分析得以缓慢地使这些不同而且阶梯化的象征范畴分离开来。

在此,各种范畴并不源于与判断的关联形式相关的某种分析,就像在康德那里一样,也不源于亚里士多德所说的语言的类形式的检验(有意识的或无意识的)。在此能够建立范畴图表的,是对过程的分析,由于这种过程,象征事件(或象征化或被象征的两部分的接合)才可能发生。

象征化部分得以建立,必须具备四个条件:

1)这个部分必须拥有物质的基质。

2）这个部分必须在应该叫作宇宙和世界的展示范围内被顺序安置。

3）这个宇宙必须确立成为一个舞台，这个舞台能够使隐秘存在的某种（神圣的）在场和某种能够证明这种在场的（人的）见证之间相遇。

4）这种相遇或检验关系应该能够通过（语言，书面）交流得以完成。

这四个条件规定了象征化可使用和显明的部分。但是，这部分参照或依赖被象征的部分，后者不可随意使用。结果是：

1）显明的象征应该参照某些解释学的解决方法，这些方法能够确定（理念的）形态，显明的象征的意义因为这些形态而能够被固定下来。

2）注释的方法必然达至一个重要的界限，这一界限消除了所有的意义追寻，所以，只有以神秘的方式，意指才能够完成。

象征化的（物质、宇宙、在场、逻各斯）条件以及和被象征化的东西有关的（意义的钥匙、神秘基质）条件一旦被规定，那么，使象征事件得以发生所要求的条件也就确定了。剩下的就只是要确定象征这两部分以后统一起来的条件。于是，最后和决定的范畴就产生了，这种范畴确立了恢复距离和分离的需求。

下面是象征范畴的图表：

象征化范畴

1. 物质
2. 宇宙
3. 验证的关系
4. (口头,书面的)的交流

在象征中与被象征有关的范畴

5. 意义的(注释的)钥匙
6. 神圣(sacré)和圣洁(saint,或神秘)的基质

统一的范畴

7. 象征的两部分的聚合

伊夫·鲁利耶尔译自西班牙文

作为事件和解释的宗教经验

A. 加尔卡尼

在今天反思宗教是有危险的,这种危险也是反思宗教的最严重的危险:那就是把一种可以追溯到形而上学和实证主义传统的烦恼传给了宗教术语,那就是证明宗教话语关涉的对象的实在和在场。哲学可能遭遇的危险,不正是把宗教话语的意义和价值依附于对其实在的审查——作为以某种方式在场并可检验的实在,它们是可证实的。是否因此,我们在谈到宗教话语——就像谈到其它任何话语——的意义和价值时,应该让宗教话语的意义和价值取决于我们所谈论的东西之确实性的检验方法?是否应该让宗教话语的命运取决于一种方法规则,这种规则把合法性和可信性赋予那些合乎其教规程序的对象?但是,在相反的情况下,摆脱了被认作人在其中受到规则压制的理性,我们是否就注定要追随一些幻想——在这些幻想中,一切都或多或少是被允许的——呢?我们反对传统形而上学的各种立场,形而上学把对在者的在场的证明设想为在者意义的先决条件。随后,我们反对新实证主义的严格条律,根据这种条律,只有我们拥有了感觉材料(罗素和卡尔纳普分别使用 sense data 和 Erlebnisse),才可能谈论上帝和其它拥有宗教话语效果的一切对象。这样的话，我们是否能够信赖话语的指示模式？换言之，我们是否能够信赖这种话语，它确立的是人们只是根据话语而谈论之物的指称或含义？这就是莱布尼茨在汉诺威的冬季所写的《人类理智新论》中所指出的：尽管自然界中没有樱桃了，樱桃仍然是话语本身的话语指称。但是，由于它只是指称主义图式的怀旧的症候，指示话语只是指出了我们所考查的困难，而按照指称图式，一个名字和一个命题只有分别对应于对象和事实的时候，才有意义。指示话语是在场指称的语义范式的替代的和妥协的形式。

鉴于理智的直接性——请注意，直接性并不被排除在情感和本能之外——当宗教话语被引出，这种话语就取决于特定的历史境遇以及思辨和心理的微妙要求，那么，贯穿哲学精神和话语，此外也是哲学最操心的首要问题，就是要知道：我们是否可以不必面对一系列令人信服或不令人信服的上帝存在的证明而谈论上帝。或者：在不以某种方式介入一个关乎上帝存在的论题的情况下，我们如何谈论宗教？如若上帝是一个不真实的幻觉中的对象，曾经被经验论传统、启蒙学者和新实证主义所荡涤，那我们还能够完成一个具有难以想象的强大力量的计划，以建立一种关于宗教的话语？或者说，我们是否注定要像致力或坚持要谈论宗教的人那样去摸索？而这样的人受到思辨意识的腐蚀，在找不到通往上帝的语义学和认识论的指称之路时，会感到堕入茫茫虚空。

在宗教领域中，现在这个从其它文化流派中突现出来的话语场，似乎并没有脱离困境。这里只举几个例子，请注意：在普通语言中，我们懂得超出对象-指示的图式使用语词，并且懂得使用诸如"救命!""别客气!"这样的表达,而无须实物来维持我们的表达。数学告诉我们:理解数学负数的意义并不必然需要负债。我们还懂得使用超限数,而无须把无限展示为对象的现实整体。在自然科学中也是如此,人们只在这种情况下谈论存在的对象,即存在对象必然是为了满足以整体论方式设定的命题函项。因此,正像蒯因在解释闪电时所说:"宙斯的愤怒"并不比"电子"的概念更神秘,尽管在麦克斯韦电磁理论中,电子概念最不神秘。① 诚然,我们能够说语词的使用是由一些原因决定的,但原因并不包括,也不事先规定它们规定的语词的意义。我要说,让我们谈论脱氧核糖核酸或能的量化的原因力量,这些力量和让我们谈论"后现代经验"、"民主危机"或"小说危机"的原因力量属于同一范围。如若我们不要借助铁锤来从事哲学,那就必须承认,存在着为了讲述我们所要讲述的东西的一些原因,这些原因并不对所引起的语词的意义负责。从这个意义上讲,世界并没有变成一个文本完全是一个形而上学的断定,可以被相反的,同样也完全是形而上学的思辨的断定所代替:"只存在一些原子"。但是,谁真正关心文本,谁也就会懂得:没有外在-文本,就没有文本。

在今天,要恢复宗教范围的哲学思考,如若在一种话语运动中出现,那就仍然受到压制。因为,这种话语根据存在着的、在场的、真实的东西和活在神话的神迹气息中、活在尚未确立的信仰的视域中及活在叙事——这种叙事把一种指示存在和它所言及的对象联系起来——的视域中的东西的区分〔被感知为决定性的和必然

---

① 蒯因:《从逻辑的观点看》。

的(由于哲学头上的本体神学的文化传统的重压)〕而构建其自身的内容。这些显现为以存在的逻辑-形而上学和认识论的术语进行理论重建的话语没有任何意义,并且也不会有什么结果,而神学也历史地关注着这些存在的。但是,反对屈服于这种先设和关系的抵抗却从来没有停止过。宗教话语是否会因此失去其意义的广阔视域,并且为了避免违背对其对象的本体论义务而与其现实性决裂？换言之,我们是否应该把上帝说成是观念化的神人同性的实体,这种实体超越时-空的经验世界,而且在一个不同的本体区域内存在？我们是否应该把信仰体验为一种立场——这种立场超出特定和有限的理性,为的是通过向直接性的飞跃实现理性不可能做的事情,就是说,肯定诸如上帝、天使领域、真福王国、赎罪和苦难的地狱这样一些的存在的在场？我们是否应该设想建立在灼烤受难灵魂的真火之上的地狱、惩罚、过错以及与之完全不同的充满爱的天堂？这些就是我们有权利在这个语境下提出的问题。

只要我们不超越神学对象在场的形而上学,只要我们不回溯到与宗教的现实性的真实经验相合,并在宗教话语中辨认出一种观察生命的解释学观点的顶峰,我们的看法就不可避免地是肤浅的。我们于是看到,一如比比皆是的僵化的区分,传统的尘世和天国、地狱与天堂、人类与神明的二分法坍塌了,为的是让我们介入更加高尚并且富于差异和区别的游戏之中。不过,这些差异并不表明在这些话语区域中不可逾越的鸿沟,而是相反,这些差异是指它们在一种话语结构中的内在关联,被如此认识的话语发展成为一种无限的话语。这可能有些类似于对传统的超越或抛弃的意图,不过,问题相反倒在于恢复那些还没有被充分思考过的宗教传统的标志。抛弃任何对神学话语的指称的本体状态的形而上学的参与,可能意味着恢复内在于宗教传统历史性的标志和戒训。一旦宗教传统对象的形而上学重负被解除,它们就会变成为生活的解释观点的形象。正是我们沉浸在其中的存在运动的解释能力,而非在于要另一个超越存在的本体领域激发和追求生命和历史的诸过程的态度,使我们今天注定要达到最恰当的高度以重新从哲学角度思考宗教经验。

与普遍的倾向,以及所有那些在今天于宗教中找到了信任盲目的和直接的情感(比如跃入到超越性中)——这被他们称之为信仰,而从形式上讲可能是拒绝话语和理性作为其传达中介的东西——的机会的人们相反,宗教经验的恢复和现实化恰恰在于相反的运动,也就是在于接近内在性宗教的反思和经验的运动,在于在我们生活的形象中承认反思和经验运动的种种象征,而不在于相反的运动,这种运动要求在超验存在和事件的优先性中颠覆人的世界的诸种条件。如若宗教超越不是一种提升我们经验的现实形象的差异,那它甚至不能被指出。于是超越作为在不同存在等级之间的本体界限被消解,但并没有作为在生活和历史的现象之流内部的解释活动的焦点而消失。宗教最终并不显现为发现并让人看到另一个对象、另一个存在的话语,而是显现为处境、形象和我们生活的过程由之得到重新解释的比照单位。不是作为异乎寻常的可见的巨大对象——因为它与一切生活的普通经验的对象有区分——,而毋宁作为一个非-对象,一个使对象和我们生活的处境异乎寻常的范式,并且把它们提高到异乎寻常的象征力量之列。

此外,我们设想的向着内在性的运动在此包括内在于宗教超越的真实运动。我们可以同样列举导致宗教超越的表面看来荒诞不经的结果的例证,这种超越是在反思的皱褶中获得其意义,而这种反思的皱褶重新构造其术语的内在性。超越性自我内化。我称之为关于超越的形而上学和对象化的观点,从柏拉图本体论起一直发展到实证主义的经验实在论(意在检验和证实在者的真实在场),它建立了宗教内部的僵化二分法。这涉及的是从思想丰富的和决定性的核心出发的一种剥夺,而这些思想在精神分析所谓的"器官语言"(比如没有能力把性欲整合于象征水平的女病人,执意要用厘米来谈论她所遇到的男人们的阴茎长度)中已经走样,转义。

以入地狱和上天堂来划分灵魂、心灵和精神的命运同样属于"器官语言"。在天堂,灵魂在向着上帝之爱的安静、富有的旅途中行进;在地狱则相反,灵魂被惩罚的火焰煎熬,在无限的苦难中痛苦地扭曲着身体。这里有两种不同而且分离的存在领域。这种分离似乎指示着超越的顶点,而背离了宗教超越的意义。然而,赋予有关的术语和关系以内在性条件的思想运动,重建着宗教经验的意义。在第二种说法中,我们要说地狱之火并非上帝强加给不懂得辨认他的人们之上的酷刑,而是要表达人对上帝之爱的反抗。这就意味着天堂的上帝之爱就是煎熬那些因反对爱而被判决的灵魂的烈火本身。不存在地狱的存在位置或地点,一如不存在天堂的存在位置或地点。天堂和地狱表明相对于同一火焰的两种相反的命运。然而,福人和囚徒的区分,不再通过形而上学领域、空间区分、伦理-法律歧视(这些最终被器官语言所揭示),而是通过对待构成上帝之爱的这一基本事实的不同立场,这种立场超越命运,代表着这种曲折道路的内在框架。

那么,如何解释"不可妄称耶和华你上帝的名"这个戒命呢?是否是这样一种意思:禁止命名在我们生存视域之外的一种至高存在或最高的超越权威,或者禁止命名一种决定性的意义和决定性的历史而从一种宣告和启示传统出发,二者得以触及我们生活的现实处境,并且不能嵌入任意圣言化过程,也不能还原为普通话语的日常表达。换言之,这种戒命是否应该被理解为那我们不能谈论它是什么,它在什么时间,却应当在沉默中,在尊重其深度和差异的沉默中获得保护的东西?但是,在这第二种意见中,上述戒命一方面被真实化,因为它并没有在这样的表达中被普通化,而这种表达是日常的表达,是在随便一种场所被言说或被写下的,因而也就是在口头交流的普通材料中没被普通化;另一方面,它好像与生活的表象有牵涉。从这个意义上说,"不可妄称耶和华你上帝的名"这个戒命意味着保护言语的价值以对抗那些要改变、背叛这种价值并使之脱离唯一的语境的期图,那些要使这种价值摆脱其与沉默的关联的期图,这种沉默包围着它,那些要使这种价值摆脱其与非真实性的关联的期图,这种非真实性是人与物之在场的意义的所在地,而这些不再在场的物与人的在场又恰恰是由于二者被穷尽和倾空这简单的原因而在场。从这个意义上讲,"不可妄称耶和华你上帝的名"的戒命保卫的是言语的秘密历史。言语,比如精神分析学家的言语的使用,并非徒劳无益,也就是说不应把它排除在疗程之外,也可以说它在治疗的过程中找到了自己的家园,并且被移植到了戏剧之中,被搬上舞台,并且失去自身的意义,遭到由于误解和不理解而引起的责难。"不可妄称耶和华你上帝的名"是一个戒命,多亏了它,诗歌语言自己保卫自己。而诗歌语言反对对自己的解析、阐释和说明,因为这些对诗歌的解析,把诗歌混同于诗歌表达以其统一性奋起反对的语言,为的是建立一种差异,一种飞跃,一种感知警示,一种惊奇,而训教和色情　建立在典型的机械-因果过程中的两种活动机制——通过使诗歌语言同化于普遍语言而使之普通化。

"不可妄称耶和华你上帝的名"的戒命内在于为保护生命而反抗屠杀,反抗那些把生命感知为统治对象和对自己意志的服从的人,而且就这个戒命的表达而言,是再一次服从"器官语言",来自不宽容的制度,来自欲望和怀疑。上面这个戒命避开了亲属和社会权力强加的"超我",这些权力要命名、说明和统一一切,这个戒命要保卫意义和价值,生命通过这些意义和价值反对暴力。于是,"不可妄称耶和华你上帝的名"的戒命,一方面是来源于传统的踪迹,这是服从在我们的历史中长期不断建立起来的一种宣告传统;另一方面,它作为差异的一般不可预见的事件与生命的内在性重合。宣告,《福音书》,恰恰都是宗教的基本事件。上帝的超越意味着对不宽容、原教旨主义宗教狂热和意识形态迫害的历史-社会境遇的价值和言语的超越,这一切的目的是要完全包括和统一与一种暴力规范化的予设律条相关的生活现象。

因此,我们对很多教父所持的立场,仍然感到深深的困惑,他们更多地是相信倾听上帝的启示、诫训、踪迹,而这一切在一种传统和历史中分支开杈,并要构建一种心灵和存在,这样他们实际上与这一切保持距离,危险地歪曲了它们的意义和前景,并且局限于担当道德学家的角色。"道德主义"这个术语表达了一种理论,这种理论把诫训、《福音书》衰落的责任错误地归咎于人类行为。结果就是道德主义同样也意味着这个术语崇高而丰富意义上的神学意识的丧失,也就是说,反思、戒训的理性中介和怀疑实践的意义的丧失。"道德主义",也就是沦为行为律则的宗教经验,失去了渴望进行神学研究的爱。宽容,以它在十七世纪的希林沃斯①、洛克的自由神学的社会主义轨道上的最深刻、最具决定性的意义,从人们对宽容的探索得到尊重而成为对他人之爱的特殊标志的时刻起,就变成了爱德的征兆本身。随着信仰自由不仅仅由社会和政治的术语确立,同样也由神学术语——这些术语建立了其与爱德根本立场的同一——确立,基督教传统经历了一次转折:把宗教经验从信仰条款内容的优先移位到探索形式的优先。但是,还是不断地让我们吃惊并且让我们感到荒诞不经的是,宽容在其形式中恢复了福音启示的决定性核心。"不可妄称耶和华你上帝的名",这不对应于展现强制尊重自己的严厉的权力,而是对应于价值和意义的保卫,二者均由一种历史和一种传统进行传递,但同时它们行进在重建的道路上,并且因此要求变成未来的护卫,要求保卫相对已-说、已-做的那些已被建立、护卫和大众化的东西来说,还是尚未存在的东西。"不可妄称耶和华你上帝的名"表达了对人尤其是人之物,甚至神性之物的保留。对在生活现象之中在以下两者之间建立不可公度的差异的言语本身的保留,即一方面是可见的、可理解的,以直接和可触的方式是可把握的东西,相反的是,为了在构成所有言语的宽阔试验平台的沉默中反思而通过远离的过程

---

① 参考:希林沃斯:《著作集》,哈佛大学出版社,1838年。

避免了这一切的东西。

通过这些决定性的区分的游戏和演变，人的存在并不铭刻在形而上学的纯粹界域中，也不拘囿于历史、社会和人类学的狭隘内在性中，而是表现为人类存在的各种形象及其悲剧性的轮回的各种差异演变。宗教经验中包括的各种标志并不是死板的画家，不是对一种实在的肯定无疑的证明，而是生命某些部分之牺牲的征兆和显示，为的是有利于其它还没有存在并且以其非实在性要求现实存在的更加确定的意义，由此之视界人被转送到另一种状态，这是人感觉到自己是归属于它的，但还没有达至的状态。然而，人在这样做的时候，并没有走出自我，没有想把真理、外在于他的实在把握为某种从非-真实出发可以被把握的东西，而是处在实现超越，实现跳跃的内在运动中，跃入到没说过和没做过的晕眩中，跃入到朦胧中。如若宗教经验的标志和显示并非不确实，并非脆弱和模糊，那它们与所指的实在重合而一。在《哥林多前书》中，圣保罗指出：如果预言和信仰是已经证明和完成的知识，那预言和信仰就没有生存之地。因为，"我们现在知道的很有限，先知所讲的也很有限"(《哥林多前书》，13，9)。① 宗教信仰在其预兆的基本术语中，可能因此得以与思想家探索的思想相提并论。一种思想，一种标志，如若人们对之一无所知，它们还是存在着。我们不知道耶稣回归的那一天何时到来。《马太福音》记载说，上帝降临之日，如同夜间小偷的随时到来："如果有人对你们说：'基督在沙漠里'，你们

---

① 关于这个问题，可参见坎兹奥：《圣经评注》(*Un commento alla Bibbia*)，Adelphi 出版社，米兰，1991 年，第 483 页。

不要出去。或者说:'基督在内屋中',你们不要信……所以你们要警醒,因为不知道你们的主是哪一天到来。家主若知道几更天有贼来,就必警醒,不容人挖透房屋。所以,你们也要预备,因为你们想不到的时候,人子就来了"(《马太福音》,24,26－27,42－44)。

通向宗教经验的道路似乎中止于构成其原初和始源阶段的东西那里,然而,相反却是中止于是其延续条件那里,或更准确地说,中止于构成了这个事件开始的东西那里,更确切地说,中止于同时是解释视点和被不可预见性以及痛苦所标志的期待的开始的东西那里。在《帖撒罗尼迦前书》中,在谈及耶稣的第二次到来时,圣保罗说:"弟兄们,轮到时候,日期,不用写信给你们,因为你们明明晓得,主的日子到来,好像夜间的贼一样。人正说'平安稳妥'的时候,灾祸突然降到他们。如同难产降临到怀胎的妇人一样,他们绝不能逃脱"(《帖撒罗尼迦前书》,5,1－3)。

应该提请注意:宗教经验的词汇不应混同于科学因果性和认识论话语的机械法则的词汇。实际上,命定论的加尔文学说是一种历史法则,为的是预见选民的命运,但它相反构建了能够让人解释人类历史的前景,这样的情况应该也是少见的。一种宗教经验的命运,并不是在显示和启示中初露端倪,显示和启示随之通过在超越存在中得到加强和巩固而完成,言语面对这个超越存在变得缺失,因为有物、崇高之物或毋宁说宗教奥秘的重要事物。一种奥秘如何能够包容在一个如此巨大的物的在场? 在此,又一次像不恰当掌握各种不同词汇那样,形而上学实在论和实证认识论的指称图式开始发生作用,也就是说,在这里有词,在那里则有物,在这里有"狗"这个词,在那里有一只"狗"。能够在对无限的形而上学实体、对戒律和权力的严厉要求这样可怕之物的证实中达到极致的奥秘是言语之死,也即人之特殊性之死,而人恰恰在其皈依之时,转向另一种状态,转向是他者的东西,而这个他者是一种认识、形象、言语、一种新道路的显示。从根源上讲,基督教的奥秘难道不曾被显示为爱?即显示为发现了在人的生命形式中得救之不可能性和绝望的荒诞的热情,因为这种生命躲避和他者的关联,躲避伴随着他的不可避免的紧张?宗教奥秘最终被宣告为一种征兆和召唤,二者都来自那超越了同一性的东西,人在同一性中受到了禁锢和束缚,这是人的反思性的自我认同(同一),也即爱和痛苦的历史及实在消失之处,换言之,即随着时间的流逝而变成了监狱的逃避之地,人注定要在这座监狱中慢慢地窒息而死。

正如上面所指出的,耶稣宣讲的爱,从根本上讲是一个荒诞,也是一种启示。之所以是荒诞,因为它是一种启示,反之亦然,因为它并不限于旨在爱已经相爱或可爱的人这样一种同语反复,而因为它以另一种方式,要求人去爱他的敌人。对敌人、刽子手、施虐者的爱显得荒谬并且有悖直觉,如果不在同时被设想为一种显示的话,更确切地说是其悲剧、变化、痛苦(受难)、悔恨和救赎过程的预兆和起始的话。"给敌人吃的和喝的",圣保罗在致罗马人的书信中指出,这就依照追回到上帝那里的《圣经》智慧把报复和报答区分开来,并且把恶改造为善(《申命记》,32,35)。[①] "亲爱的弟兄,不要自己伸冤,宁可让步,听凭主怒。因为经上记着:主说:'伸冤在我,我必报应。'所以,'你的仇敌若饿了,就给他吃,若渴了,就

---

① 参见上书,第415—416页。

给他喝。因为你这样行,就是把炭火堆在他的头上'"(《罗马书》,12,19-20)。对敌人的爱被揭示为显示,甚至预言的观点,它是一切,除了针对每个人所是的存在的直接反应。爱毋宁说是差异的地点,这种差异在爱与恨、和平与战争之间的紧张之中打开了对我们的邻人和我们自己的解释前景,因为我们被牵涉到邻人的命运之中,就好像是我们反过来发现我们不再与自身同一,而是发现我们是我们自己的邻人。这样,我们发现了差异和区分的整个系列,认识到其他人所代表的问题就是我们的问题,把我们每个人和其他人分开的线和把我们和自己分开的线是同一条线。因为,不论向我们叙述的历史是什么样的,最终历史向我们说的是关于我们的事情。不过,这种意识从根本上讲是创造一种不再是施之于他人的礼物、宽大或让步的宽容,这本来更多地来自伦理计划,但却构建了成为我们自己的拯救的固有原因。这不仅仅针对他人的暴力结构,而是在我们自身中的暴力的救赎。

从这个意义上讲,一种宗教启示的思考能够像我们今天的情况一样在哲学分析的前景中重新出现,似乎是合理合法的。而在其它观念中,最重要的是不把恶和苦当作敌人的观念。西方传统的宗教经验,还有东方的宗教经验,从构成上就包括一种神正论,这是一个明显的特征。它的意义并不必然是证明上帝,使天意与罗马劫掠、米兰鼠疫或里斯本地震一致起来的宗教政治计划。在此,启蒙时代的理性模式污染了辩护的观念,这种观念把神性设想为合于自然事实和秩序的科学法则。但是,上帝恰恰不是一种科学假设,因为他甚至不是一种假设。宗教辩护应该在本质上重新被设想为传递一种与恶的别样关系的律令,它不驱逐恶,也不企图宣告恶的清除，而是要接近、穿越恶，把恶视作离我们很近的东西，我们的邻人，在人由于笃信远离了恶、痛苦和不公正，而极有可能实行最极端的暴力的时候，促进了责任感。如果人们能够像罗蒂那样承认，有必要在作为伦理-法律权利和价值的普遍基质的人性上超越逻各斯中心和形而上学的话语，①无论如何，人们可能注意到，政治和伦理学说以及其余的一切，都必然引起同时是哲学和宗教的思考。

应该注意：诸如马克思主义和基督教那样的意识形态和信仰宣称保卫被剥削者、普通人和穷人的权利，最后却导致十字军远征、宗教裁判所和古拉格。人们用所谓的自我实现的历史规律来为这些事件辩护：这样，宗教裁判所的酷刑会导致天国的诞生，苏联集中营会导致没有阶级、没有剥削和被剥削的社会诞生。二者都是形而上学的意识形态，并且像一个围绕其本己恶的核心打开或关闭的扣子那样运作着，而恶则注定要变成为善的。建立一种有别于人性之形而上学的和普遍的规定的哲学反思的要求，来自诸如基督教和马克思主义那样的卑贱者和被压迫者的意识形态，蜕变为个体和社会的迫害工具。政治的反形而上学的真正核心和相应的哲学反思的中心，不仅仅或不足以在建立在共同承认的价值基础上的合作社会的轮回中被规定，而是在一种超出各种部分之上的未识和未知的第三者的意识（如果不愿玩弄错误和责任的荒悖和不可操作的游戏）之中被规定的，这种意识有能力让价值、文化和道德及社会的解放计划蜕变为残酷历史和社会暴政的形式。

---

① 参见罗蒂:《哲学论文集》(*Philosophical Papers*), vol. 1, 第175页以下。

如果说谈论政治责任是困难的,那谈论知识和哲学的责任肯定更加恰当并且更加有意义,可以说,这样的责任性在于听从善的声音,而不听从在善中崎岖而行的恶的声音,它比善本身更好地担当了善的角色。我们于是要说,政治的真实而又坚固的反形而上学核心是通过哲学反思和宗教意向确立的,这种反思和意向显然关注恶、障碍、现实的这种模糊而昏暗的基础,现实突出个人、城市和国家,默默地包围和侵蚀着这些,就像潮湿和腐锈所起的作用那样。这里重要的是:政治像形而上学一样,变成为一点一点被封闭在其固有词汇——这样的词汇为了唯一的实证目的而整合并维持与自己的计划、自己的纲领的关系,并且把恶和否定性作为在社会部分和敌对政治中个体化了的外部成分承担起来——的限制内的话语。这种形而上学和意识形态的政治把恶和对手形象同一起来,并使之巩固和凝聚在政治-社会的在场中,如同涉及一种实体,一种鲜明和特殊的在场。这种政治忽略了这样一个事实:即恶和否定物处处存在,而且曾经是并且现在同样是存在于自身的内部之中。因此,否定物存在于自身,一如存在于对手形象之中,不再是特殊的在者,而是从各个部分包围哪怕最小的道德和政治行为的、不可预见和不可规定的因素。

政治学家们在克服所有界限时,都总是笔直地正视前方,他们更加擅长奔跑,而不是行走,在他们运作的机制中目不斜视,从不前瞻后顾,甚至不关心自身。他们总是向前看,为的是要探索权利、善、公正、完整的道德安慰和社会飞越,而在追求公正、进步和社会福利的时候,他们全然没有看到他们只是在激起暴力、罪恶和犯法,没有注意到恶与否定物在他们自己的行动内部挖掘出来的你死我活的对立。长期以来,我们一想到这些,就会感到很悲观。因此,与外部世界的因果性、外部世界不可预料的事件,以及它的难解之谜和陷阱、偶发的干扰和动荡、否定性和恶的相互作用,应该再一次经受准确的哲学观点的检验,这种检验经常并同样地根据永远是内在的形而上学暴力的危险,来观察社会和政治的伦理纲要,而形而上学暴力似乎比善本身更好地担当了善的角色。把这个不识、不知的第三者——第三者同样地包括社会过程和政治事件以及人的存在的每一个方面——的踪迹带回给反思和意识,构成了一种哲学的和宗教的反思的主题,这样的主题从逻辑、语义学和认识论出发一直延伸到政治和社会理论之中。第三者是神性的印章,踏实沉默,是所谓他者、任何差异以及任何悖论和暧昧的基础,它是每个术语或每种思想都拥有的翻转到自己反面的能力。

正是从这个第三者的前景出发,言语,同样还有各种类型的人际关系,加强了相互的联结并且把意义的条件联系起来。这是可能的,因为实际上已经证实有这种可能,人们常常相信或持有这样一种幻觉,即在其特殊的人际关系中穷尽他们关联的意义,就像棋手会产生错觉,认为是两个人在玩棋。[①] 当然,当人们沦为只是一些没有实体的名字的时候,也就到达了他们世俗化的极限。对于人们来说,即使在他们没有意识到第三者时,一个全然不是对象、在者、个体、在场,但却建立了基础的第三者不可避免地曲折地进

[①] 参见 Stefano Levi della Torre: *Mosaico*, *Attualità e inattualità degli Ebrei*, Rosenberg & Sellier 出版社, Turin, 1994 年, 第 17–49 页; 同一作者: "Ebraismo", 载 *Novecento*, vol. VIII, n° 22, "*I Viaggi di Erodoto*", Ed. Bruno Mondadori 出版社, 米兰, 1994 年, 第 216–220 页。

来,这种基础———一如所有宗教经验一样既聚集,同时又分离——把其意义和气息赋予人们的活动、言语,以及在他们自己创造第二次诞生并传说正在到来的东西的时候所交流的梦想,把类似的命运,一种秘传赋予新的运动、事业,赋予冠以意义发生之名的一切。人们可能不怀疑围绕他们的第三者。棋手可能有幻觉,认为两人在单独下棋,但是如果没有作为下棋本身的这第三个对手,那他们就不可能按照规则和运动的可能性来下棋。同样,人们在他们生活的各个不同境况下,在没有察觉、没有怀疑第三者的存在的情况下,可能对第三者的标志一无所知。正因如此,人们如此期待的天主到来之日是不期而至,就像一个夜间的小偷。

宗教的条件是另一种状态,它服从时间的线性程序,或不如说它像图宾根的《圣经》注释家们所说的,在时间之中存在。它并不向我们保证我们可能归属之的时间。重要的是保证在场的绝对平安。正如耶稣-基督在弥留之际所言:"我就常与你们同在,直到世界的末了"(《马太福音》,28,20)。在我们时代,宗教的条件处于所有形式的意识形态和原教旨主义所确立的意义的迷醉及作为现今哲学幻灭的意义之丧失之间。① 至于宗教经验,今天它处于形而上学的实体和本质的超越之间,它特别地被规定为差异的发展,被规定他者、第三者的踪迹的展开,而这是相对于僵化和停滞的同一性的,这种同一性,被世俗和教会的意识形态用固有的词汇所表象,原教旨主义、宗教狂热和不宽容的大火在这样的意识形态中得

---

① 参见 B. Forte:Cattolicesimo,载"*Viaggi di Erodoto*",同前,第 221 - 224 页。我想进一步明确,从根本上构成了"意义迷醉"条件的奥秘和这里意识形态与幻灭所考虑的二分无关。

到滋养。"踪迹"和"差异"是一种基质,是第三者的征兆,这种征兆通过其分离和绝望的距离,进行词语及其意义的制造过程,制造生命事件和表现之间的不平衡。德里达正是强调:"差异"这个术语不是一个概念或一个词,而是一种不可表达的限制,是概念和词语的可能性本身,是"使我们的语言特征明朗化的所有观念对立的共同根源"。[1] 借用维特根斯坦的术语,我们能够说"差异"是使可说的成为可能的不可说的。这就意味着言语轰鸣,就像它来自远处、来自沉默的底蕴,并且被视作在重建它神性的来源,也就是它的打开奥秘的赠与的特性,它救赎和疗医(salvifique)的能力,即"治疗的语言","治疗的思想",这样的言语不提供任何现实和信念的证明,痛苦和怀念始终停留在这些现实和证明之上,这样的语言慰藉着但却没有消除那些它们使之更加强烈的痛苦和怀念,并且传送着对我们所是的问题的再认识和合法化,可以说,最后,这样的痛苦和怀念在语言中聚焦着人们已经变成的和人们现在所是的,赋予我们的历史存在一个特定时刻,而又不因此产生负罪感。这不正是我们在其中听说——我们记得词语,但我们随着时间的流逝却忘记了词语的意义——上帝是爱,是爱德,圣言是上帝的道路吗?我们这些西方人、纯粹的西方人,不是终于像瓦蒂莫主席所说的那样为这些显示的结果吗?

德里达、费拉里斯、伽达默尔、特雷阿、瓦蒂莫、维梯罗和我本人参加了卡普里的讨论会。在开会的这些日子里,自然涉及了促使我们关心宗教、哲学话语和宗教话语以及研究各自的词汇必要

---

[1] 参见德里达:《立场》,Minuit 出版社,1972 年。

性的各种理由,同时我们意识到,一种交流的新的理论和公众空间在我们时代被打开了。在这次讨论中,费拉里斯强调说,作为形而上学批判分析的哲学研究的衰竭,重新赋予关于宗教的话语以合法性,也就使得哲学和宗教之间的区分成为问题。另外一方面,我们记得瓦蒂莫提出避免对宗教话语进行结构化的哲学分析的意见,得到了广泛的赞同。奇怪的是,正是这些说法拯救了哲学话语的自主性,即使人们能够理解它。这些说法通过避免分类的活动和逻辑-语言分析活动,一方面,摆脱了纯粹思辨地选择宗教传统的内容、立场和论题(或者从其固有、封闭和整体化的词语出发建立自然神学),另一方面,摆脱了表面看来中立的一种技术道路的危险,而这种道路实际上是有意无意地从属于接受或拒绝某些信条及某些信仰组织。我个人认为,哲学对文化词汇、哲学本己话语的未完成,以及其异质的组成部分的多样性的承认(这些迥然相异的成分把哲学本己的话语结构化为隐喻和类似的推理关联和非推理联想),揭示了它自己的词汇的种种局限。这些局限的效果使哲学与整体化话语的诱惑、传统形而上学的同化暴力,以及从理性自足领域中的少数自明公理出发生成宇宙的倾向保持距离。我想,这种处境对于从内部阐明如此这般的哲学工作和规定其距离是有贡献的,这种距离相对宗教话语是一种多产和丰富的距离。这些区分,这些局限的揭示,促进了宽容的要求,这种要求是哲学话语的生成和普遍化的理由之一,就像任意一种其它的语言练习一样。正是这些距离、这些偏离和限制使得哲学关涉宗教——但又不摧毁宗教,此外哲学也不再在干涉宗教时强加给宗教随便什么样的某种区分——同时使得哲学与宗教的关系繁纷多样。倾听的倾向，对异在的开放，"哲学的基本情感色彩"的惊奇的重新获得，更确切地说，一个存在（当它是其所是的时候）和这个存在中没有稳定性、没有结构的东西之间极端的无区别在其逃避和躲藏时不断地被揭示，使得哲学及一切其它创造能力，处于一种不可决定性和不可解释性①的状态中的对"采取立场的本能"的压制②，所有这些都是这样一种关系的记号、踪迹和条件，这种关系现在把哲学话语和宗教经验联系起来。

如若传统的对象-语词的指称和表象图式（adaequatio rei et intellectus），即认识主体和被认识的对象同一，换言之，如若整个在场的形而上学哲学从此处于危机之中，那么语言分析哲学在很大程度上遭遇唯心论的危险，也是事实。只不过，这种唯心论经过语言学重新表达。同样为事实的是，哲学和后分析认识论、古德曼的《构造世界的方式》、库恩的范式、普特南的合理决定性的图型以及埃勒卡纳③的知识人类学在很大部分上把哲学研究改造成为文化的哲学，也就是说，改造成为由自己、自己固有的结果滋养的知识练习，同时在实在、相异性、所有奥秘和谜的自指的方法论的普

---

① 参见海德格尔：*Grundfragen der Philosophie*，*Ausgewahlte《Probleme》der 《Logik》*，Franefort-uer-le-Main，Klostermann，1984年，第116—117页。

② 参见海德格尔：*Grundfragen der Philosophie*，*Ausgewahlte《Probleme》der 《Logik》*，Franefort-uer-le-Main，Klostermann，1984年。

③ 参见库恩：*The Structure of Scientific Revolutions*，Chicago University Press，1962年，法文本：*La structure des revolutions scientifiques*，Flammarion出版社，1991年，古德曼：*Ways of Worldmaking*，Indianapolis-Canmbridge，Hackett Publishing Company，1978年，普特南：*Reason*，*Truth and History*，Cambridge University Press，1981年，埃勒卡纳：*Anthropologie der Erkenntnis*，Frangcfort-sur-le-Main，Suhrkamp，1986年。

遍化中，消除任何差异的踪迹，任何与外部和内部相异性的对抗。从对新实证主义的解构开始，我们最终获得了对世界的一些看法，而并不超出世界范围。哲学失去了与提供思考的实在不一致的观念。实际上，当存在某种提供思考的东西——历史，事件，标志一个显示和一条道路的特殊性——的时候，哲学在思考。然而，后-新实证主义和后分析主义的认识论，是从一个在进行解释的主体的论点出发建立对世界的看法，这个解释主体把概念图式应用到一种中性、未定、没有形式的经验流之中，这是重复康德的图式和内容之间的二元对立，它们后来被诸如马赫、罗素和卡尔纳普等重新提起。因此，古德曼说：笛卡尔、牛顿、卡纳莱托、梵高都有各自对世界的看法，其中任何一个都不比另外一个更加客观，所有的说法都是对等的，都处于平等的水平上，其中的每一个都接受与经验有关的一个方面。①

但是，把引发科学、艺术和政治对世界看法意图带回到对世界看法的哲学和认识论中是困难的，从这个意义上讲，有关世界看法的理论，合理决定性图式和范式所建立的自动理解体系是不充分的。② 我们认为这已经前进了一步，我们正好立于起点，在此问题重新开始，出路仍然没能被清楚看到。不一致躲避开范式、对世界的看法和合理决定性的图式的理论，这种不一致是哲学提问的开始，是由一种特殊性（个别性）构建起来的：一个事件，一种经验，一个历史事实，一个消息，一个显示，一个福音。

---

① 古德曼：*Ways of Worldmaking*，第 4 页。
② 加尔卡尼：《惊奇和偶然》，Montpellier, Éd. De l'Éclat, 1988 年。"L'attrito del pensiero", in Filsofia' 86, Vattimo 主编，Laterza, 1987 年，第 5—22 页。

换言之,就是让人们思考并且在解释过程的崎岖蜿蜒中改变成为传统的东西。以物理学为例:爱因斯坦宣称物理学理论并没有在由少数公理、逻辑-数学推论所提供的假言演绎系统中被穷尽。光的特性起源于相对性,并且趋向理论的组织化。在更普遍的方法论范围内,爱因斯坦声称,在物理科学的基础上,应该存在着一种共感,一种从科学方面对自然现象的 Einfuhlung(引入),科学方面应该把数学-实验构建作为前提。爱因斯坦说:"物理学家最崇高的目的就是到达能够通过演绎途径重建宇宙的普遍法则。没有任何一条逻辑途径能够到达这些法则。只有建立在经验同感领会基础上的直观,能够引导我们到达这些法则……经验世界实际规定神学体系,尽管在现象及其理论原则之间不存在任何逻辑桥梁。"[1]

爱因斯坦声称,各种公理从心理上依靠经验:"无论如何,不存在任何把经验导向公理的逻辑途径,而只存在一种直观的关联。道德:如果人们不犯反对理性的罪恶,那就没有做什么。"[2]因此在爱因斯坦看来,科学理论不是现实的反映和表象,而是研究的工具。"那些时代(十八和十九世纪)的自然哲学家至多具有这样的观念,即物理学的基本观念和假设,从逻辑观点看,不属于人类精神的自由创造,而是能够通过抽象化,也就是通过逻辑工具从经验中推出。的确,这种概念只是由于广义相对论才被明确地认为是

---

[1] Einstein: *Lettres à Maurice Solovine*, Aubier, 1956 年, 第 120 页。
[2] 同上, 第 128 页。

错误的……"①基本原则的虚构特性由于我们能够指出两个根本不同的理论基础而清楚地表现出来,这两个基础的每一个从后果上讲,都显得与经验充分一致。这就意味着,任何想逻辑地推出经验的最后根据的基础概念和机械法则的企图最终都归于失败。新实证主义和后分析主义的认识论和语言哲学用意义的方式把奥秘、谜、惊奇都视作普通语言的寄生和功能障碍的现象。这些就是没有理会合法主体,即经验和自然的建构者,与解释事件、显示、召唤、奥秘和谜的主体之间的区分的认识论和哲学。

至此为止的分析让我们对批评和争论的冒险略有了解,这种冒险在我们看来现在贯穿于哲学、认识论、美学和宗教,同时粉碎了它们之间的相互对立。今天的确存在他律(词汇、语言的繁复,科学哲学与解释学在方法上接近的多样)和同规(唯一的方法,不同描述方式之间的一种决定和划分)的冲突。"同规"予设只存在一种方法和描述,因为它断定只有一种实在能够被探问。"同规"予设他律所使用的多种多样的风格和描述纯粹是审美的,而"他律"反过来也把"同规"确定的唯一和优先的选择视作纯粹审美的。唯美主义的谴责在当前的哲学争论中,似乎成为一种干扰。这里只举几个例子:他律的拥护者罗蒂,谴责蒯因的唯美主义,因为后者赋予自然科学以相对精神科学和人文科学的优先地位,这在罗

---

① Einstein: *On the Method of Theoretical Physics*, Oxford, Clarendon Press, 1933年,第11页,参看 Gargani: "La buona austrictià di Ernst Mach", Introduction à E. Mach, *Conoscenza e Errore. Abbozzi per una psicologia della ricerca*, Turin, Einaudi, 1982年,第VII - XXXIII页。

蒂看来是"纯粹审美"①选择的结果。不过,谁能够被视作比蒯因的审美程度更轻一些呢?然而,罗蒂的看法并非平淡无奇。罗蒂,因为拥护文化的解释和词汇的多元性,可能反过来被指责为唯美主义。在1992年的一篇论文②以及随后在米兰国立大学的辩论中,瓦蒂莫提出解释学研究的合理性问题,他指出,一旦反对本体神学和在场哲学的批判得到解救,罗蒂就有可能为唯美主义,有可能进行被设想为"掷骰子"的任意的解释游戏。瓦蒂莫指出了在历史经验和传统的崎岖历程中的多种解释内部的区分成分,在这样的传统中,一种解释效果的历史日渐衰弱,这就是伽达默尔所谓的"效果史"(Wirkungsgeschichte)。

"美学"这个术语,最终越来越少地涉及美的学科或形式,而越来越多地涉及一种风格,一种思想的意向性。我们可能在艺术中勾画出一种"同规"的立场,并在哲学理论或科学理论中勾画出一种"他律"的立场(比如,费耶阿本德所说的实践科学游戏的不同的类比和等同方式)。诗学或文学,就像所观察的唯一现实的各种看法一样互不承认,二者也都和克里普克或费尔勒斯(H. M. Fiels)的指称理论或威廉姆斯的现实主义理论一样"同规"。反之,一种预设交替游戏多样性的哲学理论或科学理论,也忍受着特征化或把它们指示为审美选择的指责。关键问题是要知道,鉴于一种秘密的牵涉,在"他律"中是否存在不能自己历史化和相对化的"同规"的一面(黑格尔的绝对精神,尼采的强力意志),就像历史主义

---

① 罗蒂:《思辨的人》,Seuil,1990年,第230页;"这种策略表明,因为蒯因偏重物理学,轻视心理学,并且关注'荒诞物化'的问题,所以,蒯因做的是纯粹的审美选择。"

② 参见 Vattimo: in *Filsofia*' 91, Rome-Bari, Laterza, 1992年,第93页。

和相对主义的情况那样。在符合知识论的传统观念中,在哲学和科学的表象概念中,主体和世界有严格的同一,审美现象被没有任何真实的如是"他律"所表象。在当代文化中,这些同一性在观念文化(词汇、研究方法和解释风格的多样性)和社会生活(教会、教派、政党、政治运动、联合、分裂)中,均被粉碎。在此顺便提一下,古德曼、库恩、普特南的对世界的看法的多样性理论,即一个始终与自身(一与多的关系)同一的主体产生的看法,只构成了半步,甚至只构成了一种革命的倒退,一种迟到的效果。一旦主体和世界一样变得可以接受看法的多样性,那"他律"就不再构建审美经验的区分特点。问题仍然是要知道"他律"是否能够少了"同规"?他律思想家对这个问题是如何看的?我明确地要说:当思想家思考他所描述的现实的不同维度时,他难道不是使用了唯一的基质,某种哲学的余味(实在论真理的意向和核心)?问题于是如下:为了思考对世界的看法的多样性,是否应该不顾一切地求助于对基质的单一的看法,即求助于"同规"?作为一种支持或支点,作为一种支撑,作为一种起步,或甚至仅仅作为意向性,"同规"对于聚拢世界的差异性和多样性,是必要的吗?生命的奥秘在于"他律"思想家对之负起责任的东西,他视之为陪伴他的思想的影子和朋友(德语用 der Gefährte 这个词来指从远处陪伴我们,而又和我们没有任何条约和协定的人和物)。这里就是哲学分析和宗教经验的接合点。这是一种区分点,它建立一种双重制度并开启差异、思想传播、存在的言语和处境、所有表现出来同时始终属于先前的单一要求的一切发展:也就是这一切的集合点,它们共同存在的家园,它们的动机的居所,归根结底是独一无二的怀念的基质。

存在一种"同规"的梦想,也就是单一基质的梦想,这种梦想概括地说摆脱了形而上学理性主义的普世主义的,因为,这种梦想反对在每个人对上帝的怀念中的任何确立的"世界观"的"同规"。契诃夫的一篇小说通过一个医生的故事向我们讲述的正是这样一种存在条件:

> 我希望过上大约一百年以后醒过来,至少让我用一只眼睛瞧一下科学成了什么样子。我希望再活十年……还有什么呢?
> 此外,什么也没有了。我想了又想,想了很久,什么也想不出来。不管我怎样费力地想,也不管我把思路引到什么地方去,我清楚地觉得我的欲望里缺乏一种主要的,一种非常重大的东西。我对科学的喜爱,我要生活下去的欲望,我在一张陌生的床上的静坐,我想了解自己的心意,凡是我根据种种事情所形成的思想、感情、概念都缺乏一个共同点把它们串联成一个整体。我的每一种思想感情在我心中都是孤立存在的。凡是我对科学、戏剧、文学、学生所抱的见解,凡是我的想象所画出来的小小画画,就连顶精细的分析家也不能从中找出叫做中心思想或者活人的神的那种东西来。
> 可如果缺乏这个,那就等于什么都没有。
> 在这样的贫乏下,只要害一场大病,只要有了对死亡的畏惧,只要受到环境和人们的影响,就足以把我以前认为是世界观的东西,我从中发现我的生活意义和生活乐趣的东西,一起

推翻,打得粉碎。①

问题在于超越的时刻,这种超越的进行,同样针对自身,针对人们曾经之所是,人们现在之所是和将来之所是,哲学反思和宗教经验在超越中开始互相面对,在它们的接近中互相发现,并且可以说在期待的极端视域中交流它们的形体而又不互相接触,二者都在另一个的未来中影响对方。诺瓦利斯曾经说过:"哲学严格说来是怀念,一种要处处为家的推动力,"②就是说一种要处处并永远在整体之中的倾向,既欲求人的和人道主义的超越,但是从我们的有限性、有死性和怀疑出发,有时偶然回落入宇宙之中。

马利耶纳·莱约拉译自意大利文

---

① 契诃夫:《没意思的故事》。法文本,加利马出版社,1970 年,第二卷,第 736 页。此处译文参照《契诃夫小说选》,汝龙译,人民文学出版社,2000 年第二版,第 329 页起。

② Novalis: *Schriften*, vol. II, Fragment 21, Iéna, Minor, 1923 年,第 179 页,参考 Heidegger: *Die Grundbegriffe der Metaphysik*(形而上学的基本问题),*Welt-Endlichkeit-Einsamkeit*, Francfort-sur-le-Main, Klostermann, 1983 年。

荒漠,道德①,遗弃

——论宗教人的拓扑学

V. 维梯罗

第三个千禧年即将来临,在这个我们这些欧洲人、基督徒如是规定的时代,呈现在我们面前的景象却更加令人担忧。苏联帝国的解体,用事实表明了一个建立在人类团结最崇高价值之上的意识形态能够引发对人权的最严重的否定,而在欧洲和世界其它地方出现的宗教原教旨主义(integrisme religieux),似乎大大超过了卢克莱修的"宗教导致了多少罪恶!"(tantum religio potuit suadere malorum),肯定了尼采"上帝死了"的宣判。

尼采曾经预言过。在讲述我们的历史时,他用了"增长的荒漠",而即将来临的历史,他用的则是"未来两个世纪的历史"。然而,历史之所以成为荒漠,不是因为各种价值的缺失,而是由于这些价值的出现。我们的历史的荒漠是由各种价值创立的——这就是尼采向我们预言的。

但是,荒漠的形象比尼采思想要古老得多。而这个形象并不

---

① éthos:在公元前八世纪,可指"熟悉的位置"。荷马用来指马"常去的地方"(《伊利亚特》,6,511;《奥德赛》,14,411),赫西俄德用来指人的住所或"习惯"、"习惯行为",他也是最早用这个词表示"性情"或"性格"的人。在此姑且取通常中译名"道德"。——译注

总是具有一种否定的意义。为了理解尼采,也可说我们的现在,重要的是要参照这个更加古老的形象以解释对它的否定接受是如何产生的。也就是说,这虚无主义第一个意义——最普遍,说到底就是通常的意义——是如何产生的。

I. 荒漠和漂泊:上帝的犹太观念

I.1. 人物

a) 亚伯拉罕

让我们重读下面这些古远的文字:

> 耶和华对亚伯拉罕说:"你要离开本地、本族、父家,往我所要指示你的地去。我必叫你成为大国。我必赐福给你,叫你的名为大,你也要叫别人得福。"
>
> (《创世记》,12,1-2)

在这些言语中,已经包括了犹太民族的全部命运。要把握"字面"之外的"精神",不必求助比喻的解释。大地并不是身体的象征,并不与感知有关联,它也不是语言之父的居所——像亚历山大的斐洛[①]所期待的那样。上帝的戒命也不应该被理解为通过把人的灵魂从尘世中脱离出来而使之纯洁的意志。亚伯拉罕的漂泊应

[①] 斐洛(Philon,公元前30?—公元40),犹太神秘主义哲学家。试图贯融犹太神学和希腊柏拉图、斯多葛哲学。为基督教神学的先驱。——译注

该从其最具体和最直接的形式上来理解:犹太人的上帝是一个不愿意与任何东西、任何人为伍的嫉妒之神。所以,他把他的民族——即将要变成他的民族——与其祖先、亲情、风俗、家庭习惯,甚至神明的土地分离开来。戒命伴随着一个应许,特别是在当上帝感觉到他的子民对他的信仰发生动摇的时候,这个应许变成了一种契约。上帝宠信的男性子民应该带着在那个年代已经更改过多次的这个契约和这种盟约的不可磨灭的标志,直至刻骨铭心。

一个嫉妒的上帝使人成为异乡人。之所以异乡,不仅仅是就祖先的土地而言,而是相对于上帝自己赠送的礼物而言。上帝允许亚伯拉罕和撒拉在高龄有了他们的孩子。但是为了使对孩子的爱不削减应该奉献给上帝的虔诚,上帝命令他们作最高的牺牲。①

克尔凯郭尔有一段富于深刻宗教意义的文字,把握了亚伯拉罕孤独的极端意义。亚伯拉罕既没有与撒拉,也没有与以利以谢②和以撒说。就其与悲剧英雄相反,不能给予自己行动以理由而言,他不能说话。阿伽门农牺牲伊菲革涅亚,为了更广义的利益和共同道德,切断血缘关系。亚伯拉罕面对上帝是而且始终是单独一人;他与上帝保持一种绝对的关系——一种与那个没有任何关联的人没有任何关联的关系。亚伯拉罕"全身心地爱他的儿子"。

---

① 上帝赐福亚伯拉罕和撒拉,让他们生一个儿子,降生时亚伯拉罕 100 岁,撒拉 90 岁,起名以撒。上帝考验亚伯拉罕,命其将儿子燔祭。后见其忠诚,上帝用山羊替换了以撒。——译注

② 以利以谢:此处似指亚伯拉罕家的奴仆。——译注

当上帝要他的儿子时,他应该是爱他的,也非常可能更加爱他,而这仅仅是当他能够牺牲儿子的时候。因为正是对以撒的爱,与对上帝的爱的两难对立,使他的行为变成牺牲。但是两难的痛苦和焦虑使得亚伯拉罕绝对不能被世人所理解。他只是在他的行为与他的情感发生矛盾的时刻才牺牲了以撒。无论如何,他因为他的行为而属于普世:在这个范围内,他是并且始终是一个杀人犯。

(《恐惧与颤栗》,第76页①)

克尔凯郭尔始终没有勇气把连接亚伯拉罕和上帝的关系的绝对性,即犹太宗教关系的绝对性思考到底。他在亚伯拉罕的心中引入信仰,这种信仰使亚伯拉罕相信牺牲不会发生或者是否应该发生,"鉴于荒谬,永恒给了(他)一个全新的以撒"。基督教——即与圣保罗一起诞生的历史基督教,而不是耶稣言语的基督教——的思想家克尔凯郭尔,在此接近斐洛,是犹太人,但属于希腊文化,他强加给漂泊了一个终点,一个限度,一个结束。这正是这个犹太人所不知道的:对于他,那流淌着牛奶和蜂蜜的福地,始终是将来之地。

b) 摩西

如果亚伯拉罕的漂泊回应了神的旨意,即要他脱离先祖的土地,那摩西的诞生本身也是漂泊的。摩西靠尼罗河而获生,尼罗河,只是当摩西被托付给了它的水流,才给了摩西一条生路,法老

---

① 参见后附参考书目,第185页。

的不生育的女儿从水中救起了他。在这以前的一切,即他的自然出生,无关紧要,他的出生是幻觉的——严格地说,它并不存在。或至少它应该不存在。然而,这种自然出生的幻觉却总是存在,不过准确说来是作为幻觉,作为一种不存在的存在而存在。但是,它恰恰应该作为幻觉,作为一个不存在的存在而不存在,这种存在取消社会承认的出生的实在性,取消法老国家能够承认的唯一出生。摩西同时是埃及人和犹太人,又是非埃及人和非犹太人,他的出生就在他面前,如同一个要到达的目标。为这个目的,他应该远离两个群体,他在不归属这两个群体的同时,又属于它们。摩西将找到"外邦寄居"(《出埃及记》,2,22)的家园。这就是为什么当摩西选择他的始源以及他的同源民族时,他返回埃及,要把他的民族带出去。摩西只有在漂泊中才为他的民族所承认。

只有荒漠——家园的缺失——对他来讲才是故土和家园。始源是死亡的危险和威胁。首先,犹太人诞生,然后是河流,最终是埃及的土地。最终?对摩西来说,是否存在一个终结,危险和威胁的终结?对于他,任何休战都是一种背叛,任何怨恨都是一种遗弃,任何平静都是一种渎圣。当他请求上帝应许他面见,他的上帝掩面走过他,摩西只看到了上帝的后背。尼萨的格利高里[①]对此是这样解释的:

> 摩西企图以能够见到上帝的方式面见上帝,这样他所得

[①] Gregoire de Nysse (331 - 394):土耳其宗教学家,基督教东方教会教父。——译注

到的教诲就是这样：在上帝指引的地方跟随上帝，这就是面见上帝……因此他对被指引之人说："你看不见我的脸"，就是说："不要面对你的向导。因为那样你就走向与他相反的方向。善与善不对立，善追随善"。

(《摩西的一生》，第144页)

摩西的上帝永远在别处，在那边。他真正的始源——善——不在过去，而在将来。过去和现在具有一种为将来的价值。犹太人的时间观念不仅仅深深地相异于希腊人的循环时间的观念，而且与圣保罗的历史基督教的"线性"时间观念有着深刻的差别。犹太人的时间不是以基督的现在，而是以永远为他者、在别处、"别样存在"的上帝的将来为中心的。如果过去是危险和威胁，那现在就是荒漠，并且丝毫没有自身的意义。要寓居的土地永远为即将来到。时间的全部链条取决于将来。荒漠因此不是一个经历的时代，而是一种命运。它是犹太民族的恒常处境。

但是，荒漠不仅仅是漂泊和贫困，它还是应许。指引摩西和以色列的杖已经成为一次相遇。上帝-向导是在荒漠中相遇的。以色列居于漂泊。这样，戒律即使严酷——和在荒漠中的生活一样严酷——也是必不可少的。上帝在其缺席中显示，在隐藏中显现的上帝要求忠诚。一种永远更新的忠诚。以撒并非过去的一个片断。即使亚伯拉罕的牺牲，仅仅是在被更换时——仅仅在所有人、每个人的将来之中，在整个以色列的将来之中时——才获得意义。这就是为什么将来的上帝要求人们为他牺牲人和牲畜的头生的原因。就是说，每一次对上帝所献燔祭都是各不相同。与上帝的相遇永远是一种牺牲。现在的牺牲。现在只有在它被牺牲时，也就是说，当它被消灭时才有价值。只有消灭现在，才能赋予现在以其价值和尊严。荒漠只对鄙视它、取消它并否定它的上帝而言才成其为荒漠。与上帝的相遇就是为完全献身，为无尽奉献而消除自我的激动人心的经验。

所以，当以色列请求安宁，当变得越来越荒漠的荒漠的困苦把对埃及困苦的最微弱的记忆带回给回忆，上帝的判决就毫不留情地降临到这个民族头上，这个不可能接受这个判决——反抗他的苛刻裁断——的民族。但是，不仅仅是以色列人民起来反抗他们的上帝。摩西也知道这种总是保持为终点的终点引起的劳累，这个始终拘囿于难以拨开的迷雾之中，甚至嫉妒自己形象的上帝的引起劳累。这个上帝只是在他的子民精疲力尽，并且要求人们立刻在荒漠中再次上路时才给予支持。在金牛犊的故事中，我们可以看到某种摩西的"责任"，他个人的牵涉，即使仅仅是间接的。只需看一下熔金铸成偶像是亚伦——摩西的"嘴"——的主意就足够了。此外，摩西所受的惩罚——没有触摸到应许之地而死去——太严酷了，以至不能够被赋予不受控制的第二下神杖，他用这个神杖击打上帝使之流出为以色列人解渴之水的磐石。

I. 2. 解释

a) 黑格尔

青年黑格尔关于宗教的篇章以其对犹太教的极端敌视而著称。黑格尔把亚伯拉罕和卡德摩斯、达那俄斯及其他希腊英雄作比较，他说，犹太人是最早寻找"可以自由生活和尽情地爱的土地"

的人,而犹太民族的首领,却既"不想自由,也不想去爱"(《基督教的精神》,第227页,法文本,第6页)。抛弃祖先的土地只是自由的最初行动,而这种自由期望绝对,期望摆脱与世界的一切依附。甚至对他儿子,对他唯一的儿子的爱也使他难以忍受。他只在确信"这爱的力量没有达到使他不能够亲手把他的儿子作为牺牲祭献出来"的时候才接受这种爱(同前,第279页,法文本,第8页)。

对摩西的判决并非不重:他解放他的人民,只是为了强加给他们更加沉重的枷锁。亚伯拉罕"对爱的拒绝",已经让他的人民起来反对在迁徙中所遇到的一切异邦,这种拒绝在摩西和亚伦那里同样表现为与自己的人民对立:

> 摩西和亚伦的行为作为一种力量作用于他们的弟兄们头上,同样也作用于埃及人头上,我们看见,埃及人也把这种力量当作他们进行反压迫斗争的一种武器。
>
> (同前,第281页,法文本,第10页)

很清楚,否定的判决不能不打击以色列人自己的上帝,以及他不可认识的存在。在伊流欣努奥秘的神秘特性和摩西的上帝的隐秘维度之间的比较是一清二楚的:

> 隐秘在各种神圣之神圣中的上帝的奥秘所具有的意义与伊流欣努诸神的奥秘完全不同,不同于表演、情感、热情和祈祷——神在伊流欣努奥秘中的所有显现(manifestations),没有任何人不承认,只不过谈论这些是被禁止的,因为言语亵渎

过这些显现,但是犹太人的事情,他们的行为,他们的法度,他们的义务,都很可能滋养他们的多言饶舌(《申命记》,第30页),因为在此不存在任何神圣的东西,神圣永恒地在他们之外,他们既看不见,也感觉不到。

(同前,第285页,法文本,第13页)

黑格尔只设想了犹太人的生活观的消极面,他认为这样的生活观只不过是纯粹的虚无主义。荒漠只不过是爱的缺失、价值的缺失、上帝的缺失的形象。与造物的取消相应的是造物主的虚无。黑格尔提及了庞培的失落,"当他靠近神殿中心,靠近膜拜中心的时候,希望从中把握住民族精神的根本,把握住推动这个特殊民族的灵魂时,却发现这个存在是一个虚无的空间"(同前,第284页,法文本,第12页)。

仔细看来,黑格尔所有的批判都是以犹太人的时间观念为靶子的。黑格尔继承了保罗基督教——历史基督教——的思想,他不能理解一种完全取决于将来,而不以现在为中心的时间。他的无限是整体、实证性、在场、启示。隐秘的上帝、不爱的上帝、不陈明的上帝、永远并仅仅是将来的上帝,在黑格尔看来,是一个贫乏、失败的上帝。黑格尔的将来只在现在的确定性中,在降临的真实之中。救世主已经降临。时间已经完成。这就是为什么世界上的一切不幸都在完整的善之中被战胜,被克服。与不幸一起被克服和战胜的,同样还有死亡(malum)。死亡是为生命存在的:在哲学真理和宗教信仰中都一样,基督再生的复活节接替的是星期五受难日。

b) 本雅明和雅拜斯

黑格尔对犹太教的解释似乎不能说明这位哲学家本人把这个民族定义为杰出的、非同寻常的民族,并承认以色列的伟大。此外,在黑格尔的话语中,犹太教的救世主是绝对不可理喻的。黑格尔满足于指出"在期望救世主降临中,普通犹太人愿意放弃自身,而不愿放弃对象"(同前,第 295 - 296 页,法文本,第 23 页)。然而,救世主担当的是必要的中介角色。犹太上帝的距离,其"即将降临存在"的绝对将在性,总是准备割断与现在的一切联系,并且有失去自己将-来之本性的危险。救世主并不使将来临近,也不实现将来,相反,他有距离地保留将来,而且是不多不少地保留将来。先知就是对将来说话以评估现在的精神贫困——即子民对上帝的不忠——的人。先知要求:与(他与之说话的)神祇的联系,不仅仅从属神祇,也不仅仅是他的联系,主体的联系,而是对象的联系,换言之,他要求这种联系被上帝本身所欲望。救世主是上帝忠实于盟约的显示,这种忠实与以色列子民的不忠相反。救世主是神的将来在人的现在中的在场(临现)。无论如何,他是一种不在场的在场,这种不在场同时是对在场的审判。因此,救世主还始终应该即将降临。在救世主中包容和表达了犹太人的时间的全部复杂性。从最早的著作开始,本雅明就成为对这种复杂性最深刻最精妙的解释者之一。

本雅明区分了启示语言或表达语言和交往语言:在命名诸物本质的过程中表达并存在的语言,和在命名诸物形象过程中成为信息的有用载体的语言。不过这种区分不是历史-效果的,因为,从原罪,从历史诞生起,人就失去了启示的、天堂的语言。"纯粹"

的语言只不过是一种古老的记忆——对总是过去了的过去的记忆。的确,在人类的历史上,有"成百上千的语言"曾经存在并且仍然存在,所有这些语言都是对这种纯粹和原始的,并且从来没有存在过,然而却元历史地和价值地存在于每种历史语言中的语言的"背叛"——因此同样是对传统,对谕传的"背叛"。

本雅明关于时间的解释,有反对黑格尔的时间解释的意向。如若纯粹属于人的史-前的悲剧时间作为救世主降临的时间、已完成的时间而存在,那这种时间无论如何是——就其与黑格尔观念相对立的意义来讲——完成的。悲剧英雄的时间得以实现,是因为死亡不仅仅标志生命的结束,而且还赋予英雄的命运以形式。死亡实现了"开始",即从起始就存在着的东西。死亡把"不死性"赋予悲剧英雄。但是,这是一种"可笑的不死性"。如果,对于本雅明来说也一样,有限的真理就是无限——这是黑格尔的名句,然而,在他对悲剧的解释中,无限却不是神祇和人类的和解,不是"世界伦理秩序的重建",而是对有限的绝对和非辩证的否定。在悲剧人物的沉默中,他的命运的非历史特征被揭示出来。悲剧人物的死亡并不打开一种历史,它用命运的无用性揭示人物"高于"诸神。悲剧的道德升华(康德意义上)正是寓于其中。

如若这就是悲剧时间的完成,那历史时间的未完成又是什么呢?在此,与黑格尔的对立——如果是可能的话——变得还要更加深刻。本雅明用理念的超越反对观念的内在性,用类比的夸张反对象征的关系特征。总之,他用彻底历史虚无主义反对历史的狂热。历史并不是征服和救赎造成的行程,相反,历史是一大堆废墟。历史只不过是"无-意义"的短暂空间,它在从哀悼剧(Trauerspiels)分割出来的语言中找到了最适合的表达。时间由于和永恒分离,在自身中就是分裂的,它除了一种简单空间组合的连续性外,不可能有其它的连续性(《德国悲剧的起源》(*Die Ursprung des deutschen Trauerspiels*),chap. I et IV)。

不过,在历史的创世灾难中,对上帝的怀念还是存在的。这是人的,但却是由上帝的不在场(不临现)引发的怀念。这是通过救世主降临出场(临现)的上帝。本雅明确认,时间的每一时刻,每一秒钟都是"救世主可以由之通过的狭窄的门"(《历史哲学论文集》,德文本,第704页,法译本,第207页)。救世主可能进入,事实上他进入。他作为对人类灾难的意识,作为对神祇的要求,作为评判我们一无是处的这个"虚无"(Rien)而进入。本雅明于是发现救世主形象的历史功能,但此外却全然没有抛弃对历史的历史主义狂热。犹太人的救世主始终即将降临,是永恒的将来——救世主的神的面貌正寓于其中。然而,正是这种将要来的永恒有力量呼唤救世主面对它在场,而救世主谴责并且不接受这种在场。救世主降临说解释了这个杰出、异乎寻常的民族的力量。

犹太人对作为不在场的神祇的经验,在雅拜斯那里获得了一种特别的解释。在场是对上帝的否定。不仅仅是人的在场:试图言说上帝之沉默的言语的在场也是。甚至是人的在场、上帝的在场、创世之前,都是对上帝的否定:

> 上帝,在创世之前,是大全;那后来,啊,后来,他是"虚无"?

大全是不可见的。在从大全那里除去的每一部分中,可见性处于大全和虚无之间。

为了创造,上帝自己置身于自身之外,为的是能够深入自我,并自我解体。

在创世之后,上帝是没有天地的大全。

在创造白天和黑夜之后,上帝是没有星辰的大全。

在创造动物、植物之后,上帝是没有地球动物系和植物系的大全。

在创造了人之后,上帝是没有面貌的存在。

没有任何人看见过上帝,但其死的阶段,对我们每个人来说都是可见的。

(《问题书》,第 2 卷,第 319 页)

正是上帝的完满、完美或完成,上帝在"太一"中的大全存在把大地还原为荒漠。这不会是人的作为:任何人的过错,任何人的原罪都不可能强大到能够削弱上帝。唯有上帝能够摧毁上帝。不是由于人,而是由于上帝本身及其固有的神性本质,创造才成为对上帝的否定。此外,人的原罪和过错只有在创造之后,在荒漠之后才是可能的。但是,要寓居荒漠的意义以这种方式被颠覆了。它从否定变成肯定。在荒漠中迁徙、漂泊、接受流亡,这是人与上帝、与上帝的创造沟通的唯一方式。对上帝的拒绝本身是一种与上帝及其作品联系的方式:

造物主被创造抛弃。宇宙的光辉。人在创造的同时被毁灭。

（同前，第 1 卷，第 396 页）

人的原罪于是构成了不接受流亡，也不接受漂泊和无休止的迁徙的事实。但是，如果大地是荒漠，人如何能够不接受漂泊？事实上，原罪的道路是无限的：人甚至有能力把荒漠改造成居住地，把流亡改造成为家园。这就是为什么雅拜斯体验到了重复自己漂泊的需求，与此同时，他要求变成他所逃离的和收留他的地方的陌生人的可能性(《陌生人》，第 170 页)——即有可能变得与他所用的语言本身相陌生。对于他，流亡永远是流亡的流亡："旅行中的旅行。漂泊中的漂泊"(同前，第 18 页)。

但是，尽管雅拜斯坚持"陌生"存在——"有一次，我曾经写过：陌生人的陌生人"(《漂泊之路》，第 16 页)——他最终被思想的力量带向承认"接待"(流亡)的优先地位。诚然，在荒漠中，接待并不承认亲缘。陌生人就这样被接纳。即使在旅行者被承认时，他仍然是无名的，即使在他被等到时，他也是不期而至(《接待书》，第 84-85 页)。换言之，荒漠的殷勤接待保存了对上帝在此地缺席的忧虑。但是，如何护卫这种接待？"陌生人"的条件永远令人担忧——这条件在涉及主人和被邀者时，没有差别，从来不涉及接待本身。"接待"在自身中是肯定无疑的，即便其中存在忧虑。与自己的意图相反，雅拜斯把荒漠改变成为一个可以接待一切的居住地。上帝在一个肯定永远有人在场的地方不在场。这本书坚持应许之地，证明了这种"不在场"(《漂泊之路》，第 30 页)：

希望在下一页中。不要合上书。

我已经翻过所有的书页,但没有找到希望。

希望,可能,就是书。

(《问题书》,第 1 卷,第 380 页)

然而,在《漂泊之路》(第 35 页)中,他以一种不寻常的方式呼喊的风格写道:

上帝不是上帝。上帝不是上帝。上帝不是上帝。他存在。

他先于指他名的符号存在。先于指名。

他是先-虚空,先-思想;因此也是先-不思想——有如能够从中拥有先-虚无。

他是先-呼喊,先-颤栗。

他是没有黑夜的黑夜,没有白天的白天。先-注视,先-倾听。

他是呼吸之前的气。是被气呼和吸的气。但尚未成为风,但是在其最初的寄生中轻轻的、无动于衷的气。

啊,无限的空缺。

把这些话听作对另一种"呼喊"的反响,难道不夸张吗?一种产生并表达神的完全不同的另外一种经验的"呼喊"?

II. 道德:希腊的神祇经验

如果以色列的上帝背对着他的人民——他永远将要来临,永远是遥远的,有距离的:他是向导,他即使是善意的,也永远不是旅途同伴——希腊诸神则相反,总是正面出现。品达指出"有人的种族,有诸神的种族","我们所有人的生存都来自同一个母亲",即便"我们被归于我们自己的权力的全部距离分离开来。人类只是虚无,而灼热的天空是诸神的居住地,是永恒不变的"(《纳米恩》,6,1-14)。此外,在历史没有发生之前,天神们习惯于和会死者共同进餐。然而,即使当这个习惯结束,在普洛米修斯欺骗宙斯之后,诸神从未接受会死的女人们的陪伴,女神们也不接受男人们的陪伴。在希腊,神祇居于人之住所。亚里士多德引的一个小故事就讲述了一些途经以弗所的异乡人,在访问当地最著名的智者时,看到这样的人物靠近仆人的火炉取暖,是多么疑惑和惊奇:赫拉克利特请他们进来,说:"诸神,也在这里"(海德格尔:《关于人道主义的信》,第351页)。

II.1. 人物

a) 尤利西斯

亚伯拉罕和摩西开始上路,为的是远离他们的出生地,远离他们所归属的过去。尤利西斯迎战旅途中所有的险恶以重新回到故国。他清楚地知道,卡吕普索①的美貌胜过珀涅罗珀②,然而他还是要回家。他知道他拒绝了长生不老的馈赠,但他却宁死不回她的岛(《奥德赛》,第五卷,第203-224行)。他的最真实的未来就是他的始源。怀念,是他的主要情感。奇遇是美好的,他对冒险的追求就像生活中的盐一样习以为常,只不过必须要回家。对于尤利西斯,回归故国是一种命运,而不是目的。事实上,尤利西斯眼中最大的危险就是认为已经回归的幻觉。这就是巫师喀耳刻③的媚药。而英雄并非单独地摆脱这种诱惑,多亏了他那些焦急回家的同伴,提醒他记住他们自己真正的祖国(同前,第十卷,第472-474行)。不管怎样,回归必须经过漫长的迂回崎岖——要比人的精神所能想象的一切都要漫长。这是在死者的大地上旅行。在那里,尤利西斯遇见了自己的母亲。终点和起点连接起来:这就是生命的循环,这是提瑞西阿斯④用盲眼事先从死者身上读出的:回归伊萨基,战胜企图篡位的阴谋者,将来的旅行和将来的回归,甚至他甜蜜的死亡。当然是在海上,但这一切都让人想到,这关乎一个友爱的大海,它也与伊萨基有亲缘。全部冒险都在现在展开,在一

---

① 卡吕普索:希腊神话中阿特拉斯的女儿,一说是俄刻阿诺斯和忒堤斯的女儿。尤利西斯(奥德修斯)从特洛伊回国时,在长久的漂泊之后登上了她所住的俄古葵亚岛。卡吕普索想与他结为夫妇,甚至答应他可以长生不老,但他不为所动。十年后,卡吕普索奉宙斯之命放他回家。——译注

② 珀涅罗珀:尤利西斯忠实的妻子。尤利西斯去特洛伊远征,她一直守在宫中,拒绝无数的求婚者,终于等到丈夫归来。——译注

③ 喀耳刻:希腊神话中的美丽女仙,住在地中海埃提厄小岛。旅人路过该岛多受蛊惑。尤利西斯回国经过此岛,她把他和同伴变成猪。后来尤利西斯答应在那里住一年,她才把他和同伴重新变成人。一年后,他们才离开该岛回国。——译注

④ 提瑞西阿斯:希腊神话中底比斯的盲人占卜者,因向死者揭示奥林匹斯山的秘密,七岁双目失明。——译注

个永恒时间的奇妙循环中展开,而过去和将来在通过的时候也是现在。

b) 阿波罗

希腊诸神住在人的世界。然而,他们与周围保持距离。天覆盖和环抱大地,但是为了统治大地。当神话从人类挫折的叙述过渡到神祇事件的叙事,调子就升高了。因为,人从变化和偶然出发,到达永恒和必然。尤利西斯下到阴间,为的是从提瑞西阿斯那里得知自己的将来。这些预先告之于他的东西将会发生,但已经存在于占卜者的思想中的将要发生的事情的确定性,只不过是事实的确定性。在提瑞西阿斯的言语中缺少世界必要的秩序的合法性。阿波罗的视觉就完全不同。宙斯的儿子是天父法律的护卫者。他的在场是即将发生的事情的合法秩序。所以阿波罗准确说来并不预见——他看见。他在时间的视域中看到所有时间的定位。

"光明之神"阿波罗("Phebus" Apollion——"纯洁者"。因为他的视线没有被将来的偶发性所染指。美的上帝:最美的,因为"最显明的"(ekphanestaton)使得其它任何东西都显明。阿波罗是光,其踪迹穿过所在之物的周围和界限。按照柏拉图的阿里斯托芬的讲述,在把阴阳两性的人切成两半之后,宙斯就"命令阿波罗把这人的脸和半边颈子扭到切面,人看到自己的切痕就会学乖点"(柏拉图:《会饮篇》,190e)。于是,意识就和阿波罗一起诞生。即相对神来说,人的各种局限的意识。也就是对时间的意识,对人的被分裂和被指令的时间的意识。阿里斯托芬的神话还保留了对动乱、模糊、混沌的初始自然界诞生的回忆,对分裂成过去、现在、将来的时间秩序的回忆。

阿波罗是巴门尼德永恒真理的神祇形象。我们整个西方传统——首先是智慧,然后是哲学——曾经努力要"思考"的,就是对真知的临现预兆的神话。但是,它不止是这些。

请注意,对德尔斐神谕的回答是模糊的。这种模糊不是来自人的理智弱点,而是来自神——解释者(loxias),希腊人这样称呼他的意志。阿波罗的"真理"是隐藏的,但并不过分隐藏,它隐藏着一种谎言的坚强意志。这种意志伴随着暴力,因为,德洛斯的小石岛害怕成为勒托的分娩地。说真的,这希腊神中最希腊的,不是出生在希腊。在有关与赫拉冲突的叙事中,女神曾经托付她的魔鬼子提丰[①]去杀死龙,表达了对大地之母对无限、无形、放纵的自然所实施的最初暴力的回忆,由此产生了天父宙斯的宇宙秩序,它建立在度量和法律的基础上。阿波罗的各种起源因此追溯到到最古老的地中海文化。甚至当他在希腊奥林匹斯山上被接受的时候,神话也保留了对他的最古老起源的回忆。神话的确说,当阿波罗第一次在宙斯的住处显现时,诸神自己都"颤抖不已"。

赫拉克利特在注意到德尔斐神谕"既没有说也没有隐藏,只是暗示"时,也谈到过阿波罗的模糊本性(《残篇》,93)。无疑,赫拉克利特在肯定"自然喜欢隐藏"时,他想到的仍然是阿波罗的形象(《残篇》,123)。最美丽的本性,是最显明的。

[①] 提丰:希腊神话中的巨人,堤福俄斯的儿子。与半人半蛇女怪厄喀德娜生了许多怪物,如司芬克斯等。——译注

II.2. 解释

a) 柏拉图

哲学的言语不是始源的,而是派生的。智者们——以真正立法者的身份——把名字强加给诸物,这些名字,连同秩序(柏拉图:《克拉底鲁》,390a-391d)都要比哲学家们古远。希腊人,哲学家们,"永远是孩子,在希腊没有老人"(柏拉图:《蒂迈欧》,22b)。意识到这点,谈论时间发生的哲学特别通过神话的言语来表达。世界的造物主神,为了使他的摹本尽可能地与他的范本相似,制造了停留在统一之中的永恒,一种根据数的法则的永恒形象,这就是时间。永恒随着时间,创造了天,创造了作为时间的部分和形式的日和夜,月和年。很清楚,属于运动的——"已是","是"和"将是"——并不归因于那些始终不变和不分的、"是"的而且仅仅"是"的东西(同前,37d-38a)。

关于永恒的诞生——尽管有派生的永恒的形象——的奇特和令人惊愕的叙事,结束于时间和上天的融合,也就是永恒的永恒形象的假设(同前,38b-c)。强调形象-时间的永恒在柏拉图那里永远是用永恒的(αἰώνιος 和永恒(αἰών)来表达的,这并非没有用处,永恒形象是"永恒存在"的收缩,而在统一之中的永恒性被称作 ἀίδιος。正好,因为 ἀ-ίδιος 是未分化本身:既没有部分,也没有形式,是不给我们看到的东西。所以,时间是未分化的分化,是既没有形象也没有形式的东西的形象和形式。这是不可见物的默示。

范本和形象之间的对立关系是要指明:威胁形象的,恰恰是范本。如果完全和范本相符合,那可见形象就消失于不可见物,消失于没有分化,消失于没有形式。在哲学的第二语言中,神话用阿波罗模糊的形象——"美丽"而"暴烈"——表现的威胁又出现了,这一希腊形象源自地中海。如果在关于时间诞生的"叙事"的开头,柏拉图在谈到诸神时,同样使用了 αίδιου 这个词,这并不是偶然的。不可见是可见的本质,是最可见的本质。同样,最可怕的是美的本质、最美的本质:"因为美无非是/可怕之物的开端"(das Schöne ist nichts/als des Schrecklichen Anfang,里尔克:《杜伊诺哀歌》,第 4 - 5 行)。

西方哲学所担负的使命,就是通过抵御这种停留在"一"之中的永恒性的危险,从根本上驱除这种恶魔的威胁。反对始原的无形和无分,亚里士多德肯定行为、实现、形式的优先地位(《物理学》,B,193b,6 - 7)。下面是他的有关证明:

> 事实上,如果没有实现的原因,那如何可能有运动呢?肯定不是木料自己运动,而由木工运动它;月经和土也不能自己运动,而是精液和种子运动它们。
>
> (《形而上学》,1071b,28 - 32)

> 所以,"混沌"或"暗夜"不是历无尽时而长存,只因受到变化循环的支配或遵从着其它规律,这些事物得以常见于宇宙之间,故而实现总应先于潜能。
>
> (同前,1072a,7 - 9)

世界是永恒的——并且没有毁灭的危险。上帝——在自身不隐藏任何无形实在的纯粹形式——是永恒的"一",世界的多样、本质的永恒性在这个"一"的内部聚集并得到反映。这是时间永恒性的保证,是知识的绝对性的基础。这与人很相近,因为这使人所居的世界肯定无疑,而且使之成为政治的动物。

黑格尔的哲学也完全属于这种建立在与上帝接近基础上的道德——黑格尔是基督教哲学家,历史基督教和保罗基督教哲学家。这不是因为他无视阿波罗神的前-希腊的模糊面貌,相反,是因为他对希腊世界的解释恰恰从对两个对立的"伦理群体"表达的介绍开始,其一是黑夜的自然法律,其二是白日的精神法律(《精神现象学》,第317页)。无论如何,神的黑夜和白日两种面貌的冲突——依照永远不同的形式和范本标志人类全部历史特点的冲突——只有一个结果,一个唯一的目的:那就是本质的启示。阴影从一开始就趋向光明——为的是最后自己成为光明。

b) 尼采和荷尔德林

尼采从他最早的谱系学研究开始,就意识到从苏格拉底以来——即"哲学"诞生以来——西方文明建立其上的"太阳-知识宗教",是一种伦理的表达,是存在于世的方式,其对确定性的要求,只不过是极度的恐惧和不安全感的结果。他于是以"语文学家"的身份转向我们最古老的根源,欲发现神的另一面,阿波罗希腊的前-希腊形象。他称之为狄俄尼索斯。

显而易见,这里说的是一个内在分裂并与自身冲突的一个神。但除非把这二者交织起来,是不可能明白谁通过冲突并为着冲突而生的。还有,统一被明确地宣布了。尼采称之为"兄弟的结合"。通过这种结合,狄俄尼索斯说阿波罗的语言,而阿波罗说狄俄尼索斯的语言(《悲剧的诞生》,第139-140页);因为,为了让"一"——原始的"一"——显现,应该设定一个形象,它同时又分裂成为不同的个体形式。形式、形象、外表从来就只是无分、无显、无形的形式、形象和外表。圣像的本质,就是给那些没有任何形象的东西以形象。如果原始的"一"已是有形象,有形式,圣像将只不过是摹本,是对自身徒劳的重复。

但是,用什么方法,无形能有形,无分能有分呢?这并不是以在场的形式。如果"一"的无形存在在于没有一种特殊、有限、可分的形式,因为存在——不-可分——是所有的形式,在其中每一次尼采的狄俄尼索斯都表现得与黑格尔的深奥(Profond)没有任何区别。但是狄俄尼索斯并没有在场(临现)。狄俄尼索斯是永远不在场(缺席)的人。他就是不在场(缺席)。这里涉及的微妙观点,我们应该再说几句,以便也理解在悲剧中合唱相对神人而言的优先——也包括时间的。换言之:行动的沉思相对行动的优先。但是,这个悖论会是什么?在某种东西存在之前,人们可能沉思它吗?悲剧的悖论无疑是一种……悖论:沉思本质的悖论。因为,在悲剧中真正被沉思的,就是缺席。神的缺席,狄俄尼索斯不存在。他从来就没有在过。他每次都变换的所有形象,所有向这个悲剧之神借用各种脸面的所有神人,都绝不是狄俄尼索斯(同前,第62-64页)。狄俄尼索斯隐退了。他就是隐退的这个东西本身。而这就使得所有的信念都不可靠,使得任何宁静都令人忧虑。狄俄尼索斯是忧虑的不在场(缺席)者:das Unheimliche。

神人的出场——从悲剧的酒神颂歌到悲剧的形式的过程——已经标志着悲剧衰落的开始,因为可以说,神人出场给不在场的神指定了一个面具。不管怎样,悲剧坚持自己的原始意谓,犹之乎合唱保持自己的反主题的特性,这不是相对神人,而是相对神祇沦为神人的面貌而言的。这就是说,犹之乎合唱坚持自己保卫狄俄尼索斯神的不在场(缺席)的职责。

应该在读《悲剧的诞生》的这些章节的同时注意荷尔德林对于索福克勒斯的《俄狄浦斯》和《安提戈涅》的看法。这两部作品体现了与黑格尔类型的辩证法的同样的对立——这种对立指示着对重要的意义领域的选择,因为这种对立表现为文明或整个西方传统的一种交替。

荷尔德林认为,神和人统一的悲剧表现是在愤怒中完成的,从那时起,悲剧"因为作为无限制性的生成被无限制的分离所纯化"(《全集》,第 II 卷,第 395-396 页,法译本,第 957 页)而成为可理解的。并非二者的统一纯化去-统一,而是恰恰相反。黑格尔——以及黑格尔在此意指的一切——被颠覆了。正是从这个角度出发,荷尔德林设定了合唱的功能:

> 由此而来针锋相对的对话,由此而来合唱,与对话形成对照……说到底,话语反对话语,每一个都要清除另一个的位置。

(同前,第 396 页,法译本,第 957 页)

如果我们要使用逻辑抽象,我们就会说,合唱是矛盾的矛盾,它从其存在的矛盾性中拯救矛盾。换言之,悲剧中的合唱并不缓解,而是相反,加重了忧虑。

但是,即使荷尔德林以无限自然的名义反对黑格尔式的妥协的纯粹人的然而有限的观念,他也无论如何没有能够始终忠实于矛盾。他的无-限——l'aorgique——为他实现了一种妥协的形式;这通过死亡——但为的是让一种更加高贵、更加丰富的生命能够诞生。他这样谈到恩培多克勒:

> 但是,也是因此,通过死亡,他在生命中完美地把他由之而来的极端对立的部分结合和统一起来。因为统一不再在一个特殊的存在中出现,再者,结果是,神明由于过分的内在性,而不再以可感形式显现,就其过于内在,过于独一而言,融合的幸福幻觉消失了。所以,这两个极端,一个是器官极端,它受到瞬间时刻的惊动,就升至最纯粹的普遍性;另外一个是非狂欢的极端,由于通向前者的过程,变成器官的一个被平息的沉思的对象,过去时刻的内在性于是以最一般、最克制、最显明而且最清楚的方式显现出来。

(同前,第 118 页,法译本,第 660-661 页)

尼采和荷尔德林都认为,狄俄尼索斯这个不在场(缺席)的神如此这般,是因为没有任何形式、任何个体化、任何阿波利奈尔式的形象可以与之相类比。然而,一切形象和一切个体形式都从他的隐退那里诞生。个体的死亡不是一种失败,而是个体化原则的胜利。原始的"一",纯粹状态下的生活,纯粹的流动进行摧毁,为的是创造。在此,一种"首要的快乐"被揭示出来,让人想到赫拉克利特的"制造世界的力量",他把这种力量与一个"在海边堆沙堆的孩子"相类比,"孩子把沙堆堆起、推倒",并且"又重新开始游戏,没完没了地再堆起其它的沙堆"。诚然,在《悲剧的诞生》的其它段落中,尼采确定说,音乐不需要言词,但他对音乐却很宽容(《悲剧的诞生》,第51页)。不过可能应该在此参照他对瓦格纳在异教和基督教之间妥协所做的批评的第一点,以及他反浪漫主义的立场。但是,如果狄俄尼索斯和阿波罗的兄弟关系破裂了,那还怎么区别巴比伦狂欢和希腊悲剧(同前,第31－34页)?很明显,这个"问题"超出了《悲剧的诞生》的范围,并且包括了尼采思想的全部内容。尼采思想确实导致向超越了所有尺度的、永远在前的运动和生成欢呼,但是,不管怎样,尼采思想从未停止在这种欢呼中寻找一种和解。什么和解?那就是生成与自身、生命与生命、意志与意志的和解。在此,只需回忆《查拉图斯特拉如是说》的一个片断就够了:

> 是谁教给它(意志)与时间和解——这是高于所有和解的事情——的呢?
>
> 高于一切和解的事情,这就是为什么这种作为强力意志的意志必须警觉——但如何让它做到呢?谁还教导它从幕后去要求呢?
>
> (《查拉图斯特拉如是说》,第181页,法译本,第179页)

如果说尼采花费大力气在永恒轮回的理论中寻找科学证明的话,那肯定不是出于纯粹修辞学角度的考虑。超越任何和解的和解,最高、最终和最古老的和解,是永恒轮回的更加现代而且更加古老的译名，它要求一种知识的基础。尼采在自己面前发现了两条道路：一方面，是亚里士多德开创、西方知识和宗教传统建立的道路，与之相对的是疯狂的道路，被喷发出来的疯狂的道路；不再是牧师，不再是人的牧师（《查拉图斯特拉如是说》，第 202 页）。而尼采作了选择。

尼采以这样的话结束他的精神自传："人们理解我吗？——面对基督耶稣的狄俄尼索斯……"（《看哪，这人》，第 374 页，法译本，第 167 页）

"人们理解我吗？"为什么会有这样的怀疑？如果在基督耶稣形象中，集中体现了禁欲主义，以及价值之于行为、应然之存在（devoir-etre）之于生命的优先地位，那么，在《善与恶之彼岸》、特别是在《道德谱系》发表之后，他怎么可能仍然怀疑别人没有理解他呢？但是，如果尼采把这个问题提给自己，而不是提给别人呢？如果这个问题表达的是对自己立场的怀疑呢？一种要通过自己的梳理本身改变自己方向的怀疑？所有这一切都可以被视作一种无用的心理学实验。然而，然而……最后，如果狄俄尼索斯的形象似乎与阿波罗的形象混合起来，生命似乎永远注定要不断地创造形式，如果强力意志把重复自我当作最高的追求，而这种重复要求自己科学地建立在可靠证明的基础上，概括言之，如果伦理-知识模式在最后成为亚里士多德用本质特性规定的模式——那《看哪，这人》果真以一种反对立场而告结束？这个问题迫使我们问自己：基督教是什么？而这同样是为了明白，尼采的最终选择不是不可避免的。在知识和疯狂之间——有第三个可能（tertium datur）！

III. 遗弃:耶稣之言和保罗基督教

III.1. 人物

a) 耶稣

> 我要开口用比喻,把创世以来所隐藏的事发明出来。
> (《诗篇》,78,2;《马太福音》,13,35)

耶稣重复先知的道——有意向地。但是,我们要问这种"重复"的意义何在。就甚至是极端的言语——申初时刻在十字架上发出的喊声(《马太福音》,27,46)——也重复了《诗篇》(22)大卫的话而言,这个问题是根本性的。

在耶稣那里,重复强调脱离和差异。耶稣之道不是先知的,也不是《旧约》的,而是另外的。耶稣之道属于不允许中介,而只允许死板的"或者/或者"(aut/aut)的相异性。弟子请求耶稣容他先回去埋葬父亲,而他得到的是生硬的回答:"任凭死人埋葬他们的死人,你跟从我吧!"(《马太福音》,8,22)这个故事完全是教义的。就是最古老的慈悲之举也被视为徒劳无用,如果这个行为属于世界的话。这个世界是律法的、可见的世界。"你们要小心,不可将善事行在人的面前故意让他们看见"(《马太福音》,6,1)。

祈祷本身也逃脱了世界的眼睛,应该秘密地进行:

> 你们祈祷的时候,不可像那假冒为善的人,爱站在会堂里

和十字路口上祷告,故意让人看到……你祷告的时候,要进你的内屋,关上门,祷告你在暗中的父;你父在暗中察看,必然报答你。

(《马太福音》,6,5-6;加重号为作者所加)

让恺撒的归为恺撒,让上帝的归为上帝的命令,并不以平庸的方式意味着必须保持两个城之间的分离,宗教和政治之城。这种命令不如说具有指示内在与外在、意识与世界之间不可克服的差异的深刻意义:"世上的思虑、钱财的迷惑把道挤住了"(《马太福音》,13,22)。没有什么比建立教会、教派的意向离耶稣更远的了。当有人告诉耶稣他的母亲和弟兄要和他说话时,他答道:

"谁是我的母亲?谁是我的弟兄?"就伸手指着门徒,说:"看哪,我的母亲,我的弟兄。凡遵行我天父旨意的,都是我的弟兄、姊妹和母亲了。"

(《马太福音》,12,48-50)

所有人都是耶稣的门徒:所有听他道的人。为什么这样说?要听到耶稣的道会有什么困难?

耶稣之道并不是内在与外在、意识和世界之间的桥梁,相反,它是把这些分开的利剑:

"你们不要想我来是叫地上太平,乃是叫地上动刀兵。因为我来是叫人与父亲生疏,女儿与母亲生疏,媳妇与婆婆生疏,人的仇敌就是自己家里的人。"

(《马太福音》,10,34-36)

耶稣通过比喻说话,也就是运用迂回的方法,因为,他意识到他要说的不能以世界的语言被说出——唯一存在的语言。比喻是必要的。就像通过马太讲出的故事所证明的那样。当耶稣的弟子们问他为什么用比喻说话时,他回答说他们明白原因,因为他们知道"天国的奥秘",而其他人不知道,"他们(其他人)看也看不见,听也听不见,也不明白"(《马太福音》,13,10-13)。从字面上看这段文字,应该得出结论:耶稣不是为向所有人说话而来,而仅仅是为某些人的。这和上面有关他自己"父母"的言论正好相反。实际上,耶稣对所有人并为所有人说话。不过,只有那些明白道的显明意义之外奥秘的人才能听到他,也就是说,明白那些在道中永远被重新启示的东西。这些人明白"道"永远是双重的,迂回的和有欺骗性的。他们明白正如约翰所说,神祇不能用语言表现:"光照在黑暗里,黑暗却不接受光"(《约翰福音》,1,5)。这也是耶稣嘱咐门徒"不要对人说他是基督"的原因(《马太福音》,16,20)。门徒们并不明白:当耶稣第一次通知他们他将被杀时——他已经注定要发生的在世间的死亡——彼得大惊失色,劝他说:"主啊,万不可如此!这事必不能临到你身上。"耶稣回答:"撒旦,到我后面去吧。你是绊我脚的,因为你不体贴上帝的意思,只体贴人的意思"(《马太福音》,16,22-23)。撒旦在此指的是人的世界。人的物之世界。是外在性的统治。律法的统治。希腊语的"捕兽器"这个词,同样也意味着"陷阱"。对耶稣本人来说,世界只是"捕兽器"和"陷阱"——也正因此,耶稣惧怕世界。所以,他不得不说他的死,以及他的复活。复活不是对生命的回归,不是身体死亡、肉体死亡之后的一种再生。复活就是死亡本身:律法的外在性的死亡,这种死亡是信仰,或毋宁说是意识的内在性中的生命。耶稣如是说:

> 上帝在经上对你们所说的,你们没有念过吗?他说:"我是亚伯拉罕的上帝,以撒的上帝,雅各的上帝"。上帝不是死人的上帝,乃是活人的上帝。
>
> (《马太福音》,22,31-32)

撒都该教徒①和基督自己的门徒都没有明白他的这一教导。因为他们不明白"道"、真正的"道"的迂回和欺骗的必然特性。因为他们不明白压在耶稣之道——非常容易改变的,就像我们很快就要看到的那样,在律法、教派、教会、世界中容易改变的道——上面的永久威胁。因为他们不明白以撒之语——"这是要应验先知弥赛亚的话:'他代替我们的软弱,担当我们的疾病'"——和对之重复之语之间的差异(《马太福音》,8,17)。

《旧约》之言是属于拯救的预言、用善救赎恶的预言,而耶稣之道却说世界上的任何不幸都不能够染指人的内心。任何疾病和残缺都不能消失,都不会得到补救,它们在世界上始终如此存在,因为,没有它们,没有疾病和残缺,世界就不成其为世界。然而,意识

---

① 撒都该教徒(sadducéen):古犹太否认复活、来世和灵魂永存的教徒。——译注

和信仰并不让人屈从于世间的不幸。人的神性是在恶中活着。正是出于这个原因,耶稣要求人们普遍友爱,提醒注意天父"(他)叫日头照好人,也照歹人;降雨给义人,也给不义的人"(《马太福音》,5,43-45)。

如果我们再一次聆听在申初时刻的呼喊,我们就听到了耶稣和《诗篇》(22)之间的巨大差异。在耶稣的呼喊中,被揭示的是天父。天父的遗弃不是对所犯过错的惩罚,而是天父的启示。这是极端的悖论,纯粹的矛盾:天父既如此,他就只是天父,这是由于他对他儿子,即人子、所有儿子和世界的遗弃。这就是救世主宣告的真理。这是以唯一可能的形式,也就是迂回、欺骗、寓言的形式言说那些"从世界起源开始就隐藏的东西"——同时揭示它们。

b) 圣保罗

> 你们为什么不明白我的话呢?无非是因你们不能听我的道。你们父的私欲你们偏要行。
>
> (《约翰福音》,8,43-44)

魔鬼或撒旦——如人们所说的那样——是人的世界,外在性的世界,律法的世界。但是,世俗的诱惑,世俗之言的诱惑,也就是诱惑人们在律法外在性中,展示信仰内在性的奥秘,并且除去把真实掩盖在意识的内心深处的帕子,这样的诱惑也同样很快侵入到基督的戒训。

让我们听听《哥林多后书》所言:

> 我们既有这样的盼望,就大胆讲说,不像摩西将帕子蒙在脸上,叫以色列人不能定睛看到那将废者的结局。但他们心地刚硬,直到今天诵读《旧约》的时候,这帕子还没被揭去。这帕子在基督里已经废去了。然而直至今日,每逢诵读摩西书的时候,帕子还在他们心上。但他们的心几时归向主,帕子就几时除去了。
>
> (《哥林多后书》,3,12-16)

保罗直接颠覆了耶稣的戒训。去除帕子——这是他的渴望。为了去除帕子,为了在世界上宣传"道",他去了雅典,去了亚略巴古,他向那些异教徒,那些在坛上敬拜的虔诚的人揭示"未识之神"。按他的朋友路加的说法(《使徒行传》,17,19-32),雅典的学士们在听了保罗讲"复活"之后,有些人讥笑他,有些人离开了。我们很难相信这样的说法:神的死亡和复活从一开始就伴随着希腊的宗教经验。在那里并不存在雅典智者心中的鼓舞人心的真理,就像保罗对他们讲述的那样的真理,即这个上帝是未识的,他"创造宇宙和其中的万物",这两种真理是不统一的。这没有对他们讲过,但却被他们的哲学解释和指明——特别是亚里士多德的哲学。

保罗把耶稣分离的东西统一起来:上帝和世界,内在性与外在性,信仰和律法。保罗使基督教世俗化。他把基督教变成一种历史力量。历史的创造力。而这是以最强大、最极端的明晰性实现的。而保罗的伟大正在于此:他,一个皈依的犹太人,把全部犹太文化带到新的宗教之中,并且奠定了历史基督教——我们所知道的,"我们生活、动作、存留,都在乎他"的宗教。耶稣确认:"莫想我来要废掉律法的先知。我来不是要废掉,而是要成全"(《马太福音》,5,17-20)。他的成功应该是一种颠覆,这对于所有读过上述经文的人来说都是清楚显明的。耶稣就其宣告人类世界最重要的另一半,也是唯一涉及——从宗教观点看——人的神性形态的一半,即信仰而言,他实现天国的这一半,这一半在别处,在彼世,绝对相异于并且外在于这地上的一半。保罗相反,他把律法视作信仰的完成-实现。"上帝的义正在这福音上显明出来"(《罗马书》,1,17),——但是,律法已经和亚伯拉罕一起从信仰而生。然而,在信基督之前,律法是犹太人"启蒙的师傅"(《加拉太书》,3,24)。外邦人的使徒并不否认犹太人相对外邦人的长处,即便有时候,正是这些长处使犹太人备受责备,使犹太人的罪比异教徒反本性之罪更坏(《罗马书》,2-3)。历史基督教,保罗确立的基督教,因此是建立在信仰之上的律法的宗教。这是完全显明之道的宗教,是启示的宗教,是救世主为之降临的犹太人的宗教,将来已经实现,现在变成统一和接待所有时间的空间。荒漠(旷野)不再是荒漠:甚至可能看见上帝的脸。除去帕子。

这就是已经取胜的基督教。历史的基督教,制造历史——我们西方的历史——的基督教。正是这种传统,与同时是基督徒和不信教者的哲学家黑格尔一起终结,因为他是现在的哲学家,在场的哲学家,"绝对"再临人间的哲学家,是被规定为"在思想中概括的时间"的哲学的哲学家(《法哲学原理》,第 16 页)。

诚然,保罗的基督教还包括尚未发生的第二种"复活",末世的未来。但是,这种未来已经在"预言"中出现。保罗的基督"时刻"概括了所有的时间。

几个世纪以后,一位保罗基督教精神的忠实解释者,意大利诗人写道:

> 还有那么多年尚未诞生,
> 达尼埃尔记得。
>
> (马佐尼,《复活》,第 55-56 行)

III.2. 解释

a) 圣奥古斯丁

圣保罗的基督教是对真知的现在的宗教重复。这意味着保罗期待补偿世俗时间的整体。即使他区分"动物身体"和"精神身体",即使他肯定"复活"不是可朽坏身体的复活,而是不朽坏身体的复活("所种的是必朽坏的,复活的是不朽坏的"),保罗无论如何要灵魂和身体一起复活。预言的显明和基督的"时刻",只有对第二种复活而言,才有意义。"若没有死人复活的事,基督也就没有复活了"(《哥林多前书》,15,13)。

圣奥古斯丁诚然不否定第二种复活。而他这样一个主教,希波教区的首领,如何能够如此呢?当然,他强调第一种复活,就像对《约翰福音》(5,24-25)的解释所证明的那样。原文如下:

> 我实实在在地告诉你们,那听我话,又信差我来者,就有永生,不至于定罪,是已经出死入生了。我实实在在地告诉你们,时候将到,现在就是了,死人要听见上帝儿子的声音,听见的人就要活了。

圣奥古斯丁的解释是这样的:

> 他(耶稣)还未谈及第二种复活,即身体的复活,那是最后的,然而也是最初的复活,是临现的复活。因此他为与第二种有区别,说:"时候将到,现在就是了。"然而,这种复活在今天并不是身体的复活,而是灵魂的复活。因为,灵魂也有自己的死亡:原罪和渎神。我主说的正是这样死亡的死人:"任凭死人埋葬他们的死人",让这些灵魂的死人埋葬这些身体的死人……
>
> (《上帝之城》,XX,6,1)

圣奥古斯丁明确地区分了两种复活。然而,他赋予第一种复活以重要使命:"在第一种复活时复活,你们,这些不愿意第二次受审的人们"(同前,XX,6,2)。"时候将到,现在就是了"。圣奥古斯丁强调这种现在——现时存在的现在。复活的现在,对自身、对其内觉醒的灵魂的现在。这种渎神和不宁的"复活"不包括世界。世界是而且始终处于不宁和弃罪状态之中。

第一种复活的"时候"是十字架受难的现在。第二种复活的将来是集中在确定信仰之上的保罗式的时间,不是在十字架受难时,而是在其之后。但是,现在就是了的"时候"并不是一个时刻,并不指一种转换,一种过程。不如说它指的是保持着的和留下来的东西,即瞬间的遗留,在时间中停留而又不属于时间的东西。希腊语的"时间"一词,表达的是青春、春天、开花,因此也是花再次开放的季节,它同时还指收获、成熟和结果的年龄。这一切都是要说,现在就是了的时候除了完成之外,不期待任何别的什么:对于灵魂而言,觉醒的时候就是成熟的时候。时候不是通过的时间,也不是可能重新落入原罪和不安的时间、世界的时间中的时间,而因为,在行善的时刻,时候并不被运动所影响。时候不通过,也不延续——而只是其所是。如果它通过,那也是因为被时间和世界(或被另一种东西,我们下面还会谈到)所裹挟。

第二种复活就这样补充到第一种复活之中,第二种并不成全,也不完善第一种。这是人们没有要求过的一种改善,就像《约翰福音》明确所言:"那听我话,又信差我来者的,就有永生,不至于定罪,是已经出死入生了。"出死入生的过渡产生于"瞬间",产生于时候的现在。应该强调的是,在受第二种复活的末世未来统治的事业中接受第一种复活是非常重要的。

圣奥古斯丁的基督教超过了圣保罗的基督教,这在《论三位一体》中表现得更加清楚。这部著作是在圣保罗的"除去帕子"(auferre velamen)的标志下构想成的:换言之,这部著作希望通过启示指出神的本质特性。《论三位一体》正是这样说的:在圣子的"传道"中,上帝是完整的存在。以至不仅仅是圣父,而是"三位一体"派遣圣子:"圣父和圣子派遣了圣子"。如果天使们的永恒指明,不存在这些纯粹灵性的人们不曾在其中生活过的时间,那么,这种永恒从不消灭,相反却先设定了造物主和造物、上帝的永恒和天使的永恒之间的差异(《上帝之城》,XII,16),由圣父所生的圣父之子反而意味着他们的永恒存在、他们的共同的永恒的同一(《论三位一体》,I,6,9-7,14)。从神性最深的深度出发,天父上帝,作为"一"

和"三",也是圣子。但是,那这二者之间的差异何在呢?因此,也仅仅因此,如是天父,尽管在自身中拥有圣子的道中涉及的所有完满,他还是以不同于圣子的方式,也就是毫无例外地拥有这些完满。如果在圣子和圣言中,正义和真理、善良和慈悲被区分开来,那在圣父那里则相反,这些都是统一的。普罗提诺的思想力量迫使圣奥古斯丁违背自己的意志和理智。但是,如果天父是完全被集中在自身之中那样的存在,换言之,在复杂的简单形式中,当解释最简单东西的"道"成为他的真理、传统、传递,那仅仅因为这种形式同样是他的背叛和欺骗。他存在于三"位"的本质之中,真理仅仅用比喻来表现这种本质,也就是把它表现为谎言。因此,圣子遗弃的呼喊其实就是圣父最真实的启示。圣灵只不过是圣父的这种神性本质与圣子的统一,启示或布道以及真理与遗弃和欺骗的统一。

启示或布道,就是一种遗弃——真理是谎言:这就是(基督)放弃神性、十字架丑闻的闻所未闻的意义——最终同样迫使圣奥古斯丁甚至反对使徒的忠诚。

b) 康德

康德哲学代表着耶稣之道——不是圣保罗基督教之道——所能得到的最高贵和最协调的解释。

康德从无限和有限、本体和现象的根本区分出发。显现的、表现的、有一种图像和一种规定的东西,就是这种现象——因为它与另外一种图像和另一种规定、另一种现象有关系。现象在自身中是多样的,因为把一种现象和其它现象联系起来的各种关系是多样的(《纯粹理性批判》,A,第 285 页;B,第 341 页)。关系于是意味着:联系,条件,必然性。现象的世界,诸物的世界,就这样为必然的世界。就其总是被其它东西所限制而言,来到世界和空间中的任何东西都不可能是自由的。所以,唯一自由的,只是无限,也就是那没有图像,没有形式的东西——即被去掉了时间性的东西,也就是本体,它没有过去,也不再有将来的限制了。康德实际上明确肯定,在本体世界——即在自由的世界——中,没有任何事情发生(《纯粹理性批判》,A,第 541 页;B,第 569 页)——我们可以补充说:没有任何事情可能发生。尽管在第三个二律背反中,康德危险地接近了斯宾诺莎——特别是当他谈到"理性的因果性"(《纯粹理性批判》,A,第 551 页;B,第 579 页)和作为"理智性质的图型"的"经验特性"(《纯粹理性批判》,A,第 553 - 554 页;B,第 581 - 582 页)的时候,或不如说:作为本体世界图型的经验世界的时候,但无论如何,他的立场与斯宾诺莎的立场是大相径庭的。斯宾诺莎的无限具有积极意义,指在有限的属性和样式中得到解释的实体,创造的自然实现于被创造的自然之中(la natura naturans qui s'actualise dans la natura naturata)。然而,康德的无-限是一个消极的概念。这个概念对有限说"不",是对有限的内在否定。康德在第一批判的一个重要章节中明确说过这一点,那里涉及的是反思观念的歧义,涉及的是先验位置论(现象和本质的混同)。按照康德的说法,我们对本体不可能说任何什么,甚至说不出本体是外在还是内在,甚至说不出当我们的概念和直观不再存在时,本体是否还存在(同前,A,第 288 - 289 页;B,第 344 - 345 页)。本体是一个限度概念,为的是限制感性的僭越(同前,A,第 255 页;B,第 310 - 311 页),换言之,它是欲赋予真正不在场的东西

(ἀληθῶς ὄν)以图型的要求。康德的哲学构成了命题神学的严格根据。关于真理的不可说的特性："我要开口用比喻"。对于康德，没有什么比保罗"除去帕子"的说法更离奇了。但是，说到这儿还不够。两个世界的划分——"你们不要想我来是叫地上太平，乃是叫地上动刀兵"——并不意味着二者的分离是可能的。无-限的消极性表明只有在世界的限制和必然的维度才可能有生命存在。圣约翰的说法："我在他们里面，你在我里面"（ut consummati in unum sint，《约翰福音》，17，23），只不过是死亡的冲动（Todestrieb）。因为上帝只有在遗弃中，在世界的贫困中，在压抑的不幸中才在场（临现）。然而，在此涉及的最深刻的意义——即使这意义是第二批判中最难以理解的，首先是对康德本人来说。

似乎绝对命令的最明确表述打开了一个行动自由的空间："行动"（《实践理性批判》，第 7 节）。但是，真实的恰恰相反。理性只能对理性，对受理性支配的意志发出命令。事实上，什么人能够在激情的支配下倾听理性的声音呢？为倾听戒命——只是要求从可感的屈从中解放出来的戒命——，应该已经不受这些屈从的支配。这大概就是要说，为了遵守戒命，必须已经遵守戒命！然而，不仅仅没有选择的自由——因为只有已是善的人才能道德地行为——同样也没有需要完成的行为。康德的道德——全然不能被完成、完善，甚至不能仅仅由时间和世界之中的行为所展现——不涉及"行"（le faire），而是涉及伴随所有"行"的"知"。人的神性、人之中的神性就在于此：在于人所经历的消极满足（negative Selbstzufriedenheit）。当人在世界上生活，承受时间的强制和必然，他会意识到：自己不是这个世界的，不属于这个世界，和这个世界是陌生的,在这个意义上,也仅仅在这个意义上,他是自由的(《实践理性批判》,第 117 – 118 页)。

这个从道德上外在于人的存在,其构成性的乌托邦,解释了为什么"我要开口用比喻"甚至不能译作象征。象征不管怎样证实的是真理和道、永恒和时间、上帝和世界之间的原始的共同归属——一种即使被中断的,也永远能够被重新组合起来的共同归属,它只存在于类比、隐喻、"说其它东西"、"向其它东西发出信号"、参照什么的形式之中。用迂回语言、用比喻说话,相反证明一种原始的分离——并且因此成为一种欺骗:因为它给予所有逃避了图型和形象的东西以一种图型和形象,就是说划分不可分之物的比喻给予无限存在以界限(普罗提诺:《九章集》,VI,7,15)。不过,这是一个必要的欺骗,因为唯有欺骗的帕子,保护"有限"免受杀人真理的经常危险和威胁,免受使人盲目(没有人能够看见上帝,除非在镜中和寓言中)的神性之光的危险和威胁,免受在其绝对积极立场上否定一切消极的上帝的危险和威胁,而按照它,如果普遍规定是消极的,那任何规定也都是消极的,它还在其完美性中并通过其完美性否定这样的有限。在其真理中被思考,上帝就是"有限"的死亡。

但是,耶稣的迂回、比喻的语言,从这个词最高贵的意义上讲,是虚谎的,因为它掩盖了真理的面貌,却保留了这样的感觉:人之道,即有限之道,单单由于它与无限、沉默、最简单和最完美的东西的消极关系而成为如此的。唯有永恒,作为对时间的可能否定,阻碍差异还原为"永远同样的事情"的认知的同一。这就是为什么最高贵的道是谎言,它在说真理时就已经背叛了真理,它意识到不能不这样进行言说。这种意识和谎言没有差别:相反,我们应该把它作为谎言的谎言来思考。这是自省的、被反-思的谎言,清楚地表达了人-子之道的双重远离:远离圣父和世界,远离永恒和时间,还清楚地表达了十字架的无-根据的瞬-间(in-stant ou-topique)。

参考书目:

Aristote, *Métaphisique*, éd. établie par J. Tricot, Paris, Vrin, 1974.

Physique, Paris, Les Belles Lettres, 1969.

Augustin, *La Cité de Dieu*, Paris, Éd. du Seuil, coll. 《Points sagesse》, 1994, 3vol.

De la Trinité, Paris, Desclée de Brouwer, 1955.

Barth, K., *Der Römerbrief*, Zurich, Evangelischer Verlag, 1954; trad. française, *L'Épître aux Romains*, Genève, Labor et Fides, 1972.

Benjamin, W., 《Die Aufgabe de Übersetzers》, in *Gesammelte Schriften*, Francfort-sur-le-Main, Suhrkamp, 1972 - 1985, IV, 1, pp. 9 - 21; trad. franccaise, 《La tache du traducteur》, in *Œuvres*, 1, *Mythe et Violence*, Paris, Denöl, 1971.

《Schicksal und Charakter》, in *Gesammelte Schriften*, op. cit., II, 1, pp. 171 - 179; trad. française, 《Destin et caractère》, in *Mythe et Violence*, op. cit.

《Trauerspiel und Tragödie》, in *Gesammelte Schriften*, op. cit. II, 1, pp. 133 -137; trad. française, in *L'Origine du drame baroque allemand*, Paris, Flammarion, 1985.

《Uber den Begriff der Geschichte》, in *Gesammelte Schriften*, op. cit. 1, 2, pp. 693 - 704; trad. française, 《Thèses sur la philosophie de l'histoire》, in

Essais, 2, 1935-1940, Paris, Denoël /Gonthier, 1983.

《Über die Sprache überhaupt und über die Sprache des Menschen》, in *Gesammelte Schriften*, op. cit. II, 1, pp. 140-157; trad. française in *Mythe et Violence*, op. cit. pp. 5-37.

《Die Ursprung des deutschen Trauerspiels》, in *Gesammelte Schriften*, op. cit. I, 1, pp. 203-430; trad. française, *L'Origine du drame baroque allemand*, op. cit.

Cacciari, M., *Icone della legge*, Milan, Adelphi, 1985; trad. française, *Icônes de la loi*, Paris, Christian Bourgois, 1990.

Diels, H., et Kranz, W., *Die Fragmente der Vorsokratiker*, Berlin, 1954.

Forte, B., *L'Eternità e il Tempo. Saggio di antropologia ed etica sacramentale*, Milan, Ed. Paoline, 1993.

Sui sentieri dell'Uno, Milan, Ed. Paoline, 1992.

Teologia della storia, Saggio sulla rivelazione, l'inizio e il compimento, Milan, Ed. Paoline, 1991.

Grégoire de Nysse, Saint, *La vie de Moïse*, Paris, Albin Michel / Cerf, 1993.

Hegel, G. W. F., *Der Geist des Christentums und sein Schicksal*, in *Werke* (20 vol.), Francfort-sur-le-Main, Suhrkamp, 1971, vol. I, Frühe Schriften, pp. 274-418; trad. française, *L'Esprit du christianisme et son destin*, Paris, Vrin, 1971.

Glauben und Wissen, in *Werke*, op. cit. 1970, vol. II, Jenaer Schriften 1801-1807, pp. 287-433; trad. française, *Foi et Savoir*, in *Première publications*, Paris, Ophrys, 1975.

Grundlinien der Philosophie des Rechts, Hamburg, Meiner, 1976; trad. française, *Principe de la philosophie du droit*, Paris, Gallimard, 1940.

Phänomenologie des Geistes, Hambourg, Meiner, 1952; trad. française, *Phénoménologie de l'esprit*, Paris, Aubier-Montaigne, 1941.

Wissenschaft der Logik, in *Werke*, op. cit. 1969, vol. V et VI; trad. française, *Science de la logique*, Paris, Aubier Montaigne, 1976.

Heidegger, M. , *Brief über den Humanismus*, in *Wegmarken*, Francfort-sur-le-Main, Klostermann, 1978, pp. 311 - 360; trad. française, *Lettre sur l'humanisme*, Paris, Aubier-Montaigne, 1964.

Holzwege, Francfort-sur-le-Main, Klostermann, 1972; trad. française, *Chemins qui ne mènent nulle Part*, Paris, Gallimard, 1962.

Nietzsche, Pfullingen, Neske, 1961, vol. II; trad. française, *Nietzsche*, Paris, Gallimard, 1971.

Héraclite, *Fragments*, éd. établie par M. Conche, Paris, PUF, coll. Épiméthée, 1987.

Hölderlin, F. , *Sämtliche Werke und Briefe*, Darmstadt, Wissenchaftliche Buchgesellschaft, 1989, vol. II; trad. française, *Œuvres*, Paris, Gallimard, coll. Bibl. de la Pléiade, 1967.

Jabès, E. , *Le livre de l'hospitalité*, Paris, Gallimard, 1991.

Le Livre des questions, Paris, Gallimard, 1988 - 1989, vol. 1 et 2.

Le Parcours, Paris, Gallimard, 1987.

Un étranger avec, sous le bras, un livre de petit format, Paris, Gallimard, 1989.

Kant, E. , *Kritik der prakischen Vernunft*, in *Werke*, Akademie Textausgabe, Berlin, de Gruyter, 1968, vol. V; trad. française, *Critique de la raison pratique*, Paris, PUF, 1989.

Kritik der reinen Vernunft, in *Werke*, op. cit. vol. IV: édition de 1781 (A); vol. III: édition de 1987 (B); trad. française, *Critique de la raison pure*, Paris, PUF, 1944.

Kerényi, K. , *Gli Dei et gli Eroi della Grecia* , Milan, Garzanti, 1982, vol. II.

Miti e Misteri , Turin, Boringhieri, 1979.

Kierkegaard, S. , *Crainte et Tremblement* , Paris, Aubier, 1978.

Levinas, E. , *Autrement qu'être* , *ou au-delà de l'essence* , La Haye, Nijhoff, 1978.

Lucrèce, *De rerum natura* , Paris, Les Belles Lettres, 1955.

Manzoni, A. , *Inni sacri* , in *Opere* , éd. établie par R. Bacchelli, Milan-Naples, Ricciardi, 1953.

Nietzsche, F. , *Sämtliche Werke* , éd. établie par G. Colli et M. Montinari, Munich-Berlin-New York, dtv/de Gruyter, 1988, 15 vol; trad. française, *Œuvres philosophiques complètes* , Paris, Gallimard, 1976.

Wille zur Macht , Stuttgart, Kroener, 1980.

Parménide, *Le Poème* , présentation par J. Beaufret, Paris, PUF, coll. Épiméthée, 1955.

Pindare, *Néméennes* , text établi par A. Puech, Paris, Les Belles Lettres, 1958.

Plotin, *Ennéades* , éd. établie par É. Bréhier, Paris, Les Belles Lettres, 1964.

Rilke, R. M. , *Duineser Elegien* , in *Werke* , Francfort-sur-le-Main, Insel, 1982, vol. II; trad. française par A. Guerne, *Les Élégies de Duino. Les Sonnets à Orphée* , Paris, Éd. du Seuil, Coll. Points. 1972.

Vitiello, V. , *Cristianesimo senza redenzione* , Rome-Bari, Laterza, 1995.

Elogio dello spazio , *Ermeneutica e topologia* , Milan, Bompiani, 1994.

La Parola riflessa. Logica ed etica della contraddizione , Milan, Lanfranchi, 1994.

Topologia del Moderno , Gênes, Marietti, 1992.

Utopia del nihilismo. Tra Nietzsche e Heidegger , Naples, Guida, 1983.

作为特定的存在踪迹的存在意义

M. 费拉里斯

> 这里栖息着我的狗群/我无用的狗群,/愚蠢又下流,/永远是新又是旧,/忠实或背叛于/"游手好闲"的主人,/而非于我这个平平之辈。/它们在地下啃咬/无休止地在黑暗之中/它们啃咬骨头,它们自己的骨头,/它们不停地啃咬自己的骨头/吸尽骨髓/而我,我不能那样做/潘的排萧/如同七枝芦苇/我能够不费力、不用亚麻/把它们作成潘的排萧/如果潘是一切/如果死亡是一切。/摇篮中的每个人/都吮吸手指而垂涎/被埋葬地下的每个人,/都是他的虚无的狗。
>
> (邓南遮,1935,10)

1.《上帝之子的人格》是福朗戈①(Folengo)的一首诗的题目,表达了典型的人文主义倾向。然而人格化也是基督宗教的核心,这种人格化如此深刻地带有政治和人类学的色彩,比如在卢梭的《萨瓦牧师的信仰自白》和康德的《纯然理性限度内的宗教》中。从这个角度看,我们质疑"幻觉的将来",我们不可避免地宣称自己是

---

① 福朗戈(1491-1544):意大利诗人。——译注

基督徒,这是唯一也是同一的事情:我们在期待中,在我们首先是基督徒的情况下,我们能够成为佛教徒、道教徒、历史主义者、素食主义者、生态保护主义者和多愁善感者。这种事实状态,从一开始就以争论的方式被作为幸福论和基督教功利主义的本质("耶稣即基督",他是有用的,苏维托尼乌斯①说)加以强调,它揭示了宗教面对理性的反对而拯救的企图。卢梭根据启蒙时代的批判,承认《福音书》包括使理性反感的教导,在《致博蒙②的一封信》中,他视中介为无用的(上帝为了和让-雅克说话而使用摩西,果真就有用吗?);耶稣不是一个中介人,而是人类的伟大榜样,甚至比苏格拉底还要伟大。摹仿耶稣因此是可能的,但一切问题都在于要避免自然神论,并且保卫某种有神论(与之唱反调的代表是休谟的《有关自然宗教的对话》,康德曾经常引用过它)。

　　一个过于人性的上帝,实际上并不真的那么有用。诚然,上帝还原为一个道德的上帝,这对宗教是有利的。无论如何,这涉及的是一种最终摧毁宗教的狡猾的有用性,这种摧毁首先是包围宗教,然后通过更加有效的道德形式和意识形态形式超越宗教。无疑,这就是当朋霍费尔(Bonhoeffer)主张弃绝道德上帝时所想到的事情。但是,我们同样可能反驳说,正是这建立了现代性的标识,即极端的傲慢(hybris):提出抛弃作为自我投射的道德上帝,这仍然是以一种实质的形式,提出应当把上帝变成什么的问题;这是设定

---

① 苏维托尼乌斯(Suetone,70-128?):罗马拉丁文传记作家,著有《名人传》,已散佚或残缺,《罗马十二帝王传》是他的主要作品。——译注

② 博蒙(Beaumont,1703-1781):1746年的巴黎主教,反对冉森及其哲学,抨击卢梭的《爱弥儿》一书。——译注

人能够放弃上帝,并且还应给他指定一个位置。上帝在此比任何时候都需要人,人因此并且在原则上讲完全不再需要上帝。如若上帝在燃烧的荆棘中说话,如若他让看他的人变成了盐柱,那么,我们应该把上帝变成什么,以及把上帝定位在哪里的问题肯定是提不出来的。但是相反,基督教正是面对一个死亡的上帝而诞生,这个上帝的复活在神性的弃绝中逐渐变得温和起来。从此,真正的信徒不是基督徒:他们不是按道德行动的人,他们不是在上帝不存在的情况下,也如是行动的人,相反,他们是看见过奇迹的人,相信奇迹的人,或者说是畏惧上帝的人。然而,一旦取消把上帝置于宇宙边缘的预定和谐,那就只剩下了神正论,标志着被置于人手中的上帝的结束。

我们在此触及到世俗化问题争论的核心本身。世俗化在把上帝还原为道德上帝和对宗教的呼唤之间摇摆不定,这种道德的上帝取消宗教的必然性,而所呼唤的宗教则在其成为相反的,然而也是推动力量的基础,因此而失去对宗教进行理性批判的可能性时,超越简单的理性。"我是上帝,我制造了这个漫画"(瓦格纳,《基督教》,《救世主》,《帕西发尔》①:尼采完全有理由声称要自我神化;在多少世纪的道德上帝(人化的神)之后,他确有一切权利这样说。我们所知的历史(一部其历史性在宗教中找到其固有可能性条件的历史)中的宗教(连同其火刑、弃绝异端、宗教战争,当然还有幸福的死亡和心醉神迷),沿循与基督教同一的过程——而这无疑是通过种族中心的傲慢——正在消亡。换言之,正在消亡的,是作为

---

① 《帕西发尔》:瓦格纳的最后一部作品。——译注

信仰的基督教，这种信仰在对自身的各种辩护中，重视的是要成为所有行动中最理性的行动、成为和历史和科学的真理有基本关联的最真实的真理的事实。没有任何东西能够让这种宗教复活，除非危机的到来把我们重新带回到世界史前阶段——换言之，把这个基督教以之为基础的历史根源悬搁起来。诚然，为了满足从根本上讲是心理学或哲学的各种要求，世俗化可能要拯救一种道德神学和政治神学。不管怎样，对于世俗化的逻辑，我们应该承认，一种完全实现的世俗化可能认为宗教——即命定要在理性中日见衰落的，并且命定要接受无论什么类型的复活和仿古的宗教，从此，它们就缺乏任何理性和道德性，并由这种缺失所辩护——神秘的或超道德的剩余不能令人满足。从这个角度看，通过世俗化和神正论之间的决定性的分裂，反耶稣的王国或诸神王国会来到地上，这样的一天必须到来，这一天无疑会相当临近：在这一天，《福音书》——不是伪经或诺斯替派的，而是《对观福音》[①]和《约翰福音》——将会在东方的宗教丛书中出版。从此，宗教将完全被理性所吸收，同时以同一个动作（也就是通过一种理性的决定），以记忆的节日的名义被推到纯粹的神话中去。上帝的回归，作为一个事件，基本上能够被带回到习惯之中，在此构成了世俗化的次级现象。

宗教的严格随着基督教变得缓和，而这又不与宗教本质相悖，这样的事实构成了可悲而又深不可测的维度的要求的根据，这种要求周期性地贯穿这个维度。这里说的是一种无疑要寻求相异性

[①] 马太、马可、路加三福音书的总称。——译注

的理性要求。无论如何,如若我们能够对亚伯拉罕的上帝说话,那仅仅是因为我们请教的是哲学家的上帝,而这只鉴于这样一个简单的事实:亚伯拉罕的上帝和哲学家的上帝之间的对立,从原则上讲,是内在于哲学的,即使当这种对立表现在祝圣作家或宗教作家那里的时候,这些宗教作家干脆就是谴责哲学家们精神卑下和愚蠢。因此,这里说的不是单纯的宗教问题。断定基督教是最理性的信仰,也就是理性动物的总体信仰,这从哲学角度讲也不是那么简单。关于宽容,我们很难在莱辛的《智者拿单》所主张的各种宗教之间保持恰当的距离——我们可以注意到:这种以人类的理性特性名义制造的对应物,仍然忠实于基督教的不在场。他没有言明的假设,实际上就是伏尔泰的:恰恰因为我们确信我们的真实信仰,所以我们应该容忍不信教的人。但是一种更苛刻或更忧虑的信仰,可能会远离宽容:可能应该颠覆《哲学辞典》中"宽容"条目的观点,条目认为基督教是诸宗教中最不宽容的说法是荒谬的,根据基督教的真理,基督教应该是所有宗教中最宽容的。显而易见,这种理性真理的要求表达了最深刻的不宽容。

这些两义性在康德那里发挥到极致。对于所有人和所有时代而言只存在一种宗教(《康德全集》,AK,VIII,第368页①)。道德宗教的观念在纯粹基督教中变成真实的。教会于是变成上帝对人间的不可见的统治(AK,VI,第156-161页)。基督教的主要功绩就在于与最纯粹的理性和道德的信仰相结合(AK,VII,第7页),不过,教会的信仰渐渐地接近纯粹宗教的信仰。争斗的教会

---

① 见文后的参考书目。

将改变成为胜利的教会(AK,VII,第52页)。无论如何,我们要注意,道德宗教并不来自宗教不同形式之间的区分,而是来自宗教和异教之间的分离:宗教是把神的崇拜本质建立于在道德性中的信仰,异教则缺少这种条件(AK,VII,第49页),并且相当于迷信,这是没有道德顾虑的宗教(AK,IX,第494-495页)。基督教的本质于是从一开始就与理性的本质重合,而后者则和主体性的本质重合——开始在终结中认出自身。在不了解这些的情况下,神秘主义的后代——纯粹心灵的各种思想——就已经发展了这个论证(后来演变成包法利夫人的药剂师的论证:我赞成伏尔泰的宗教,进步的宗教等等),不过这种论证带有尼采强调过的弱点:当我们求助上帝恰恰是因为我们反感人类的时候,我们能够把一个人类的上帝变成什么呢?能把这个蜘蛛网的、收容院(麻风病隔离所的上帝)的、本体神学化(哲学家的上帝)的上帝变成什么呢?

由此产生了尼采关于基督人性的原始说法,这种说法在救世主那里看到的,不是优秀的人物,而(沿循陀思妥也夫斯基的足迹)是有幻觉的、幼稚的、白痴的情况。但是,因此尼采至少部分地显示为启蒙(启示)的传人(在《悲剧的诞生》中,救世主、基督之前的精神混乱和苏格拉底的精神混乱是一样的)。尼采通过他所认为的一种新启蒙(Aufklärung)而完善启蒙,而这种新启蒙其实只是启蒙的直接承继,从而宣告了他对一个可怕的上帝的偏好。我们只把他当作兄弟,我们要的是严厉的父亲(梅斯特和波德莱尔都基本上同意这种论点),我们能把这样一个博爱和人道的,而且还属于一种没有奥秘的宗教的上帝变成什么呢?对于托兰德[1],基督教的意义何在?"教士是无限的。因为他让我们相信一系列奇迹般的事件。教会应该要求去做一切并且成为一切,这是人类精神的律令。人民嗜好权力。教士们是想象的奴仆和信徒"(波德莱尔,《全集》,第 1248 页)。

想象的信徒。波德莱尔的确反对费尔巴哈(或不如说,他同意费尔巴哈的假设,但却颠覆了他的结论)。费尔巴哈实际上认为,想象是宗教幻觉的基础(费尔巴哈,《全集》,VIII,第 224 页),而依赖感觉、无知、焦虑和畏惧是神的表象的根源。宗教批判的一个目的就是真正解放人,这是宗教解放,而不是政治解放,它从人的真实欲望不是真的而恰恰是想象的时刻(在此,费尔巴哈又一次与波德莱尔相合,他认为真正的进步不是技术变革,而是要减轻原罪的重量)出发。哲学神秘学和人所固有的对超越的追求还对应着人类这种对黑暗的普遍需要,这种需要允许走到单纯人间之外。这种需要已经是康德和狂热派论争的中心问题,康德没有为此排除对奥秘的求助,而是相反。只需注意《判断力批判》第 49 节:想象或者是源于类比的法则,或者源于构建的原则,这些原则的基础则在于更高的理性领域,并且其使用类比只是为着超越类比或为着指出类比的不足之处。也是在这个意义上,作为培根哲学批评家的梅斯特仍然是一个榜样,他嘲笑现代实验主义处在一种卫教

---

[1] 托兰德(Toland,1967-1722),爱尔兰自然神论者,哲学家,出身天主教家庭,但 16 岁就成为新教徒。1696 年发表《基督教并不神秘》,宣传自然神论,受到迫害。死前两年发表《泛神论要义》,对现时的宗教进行批判和否定,从自然神论走向无神论。——译注

(sanfediste)的框架内,并不是出于"文化"的立场,而是出于纯粹理性的倾向。一种完全在场的生命可能意味着什么？这种人类学的要求在某种意义上同样标志着现代宗教的特点,现代宗教倾向于呈现为一种他者的宗教。但是,宣告超越和等级关系的结束,并且随后要求对他者的超越的正题化,这会产生某种矛盾。这个他者,作为现代主体性的成熟果实,是对基督教的承继,并且在圣奥古斯丁和笛卡尔的主体性和交互主体性中找到自己最初的根据。

2.《纯然理性限度内的宗教》因此表现为基督教的另一个名称。反过来,"我可以希望什么？"对于哲学来说是一个重要问题(《纯粹理性批判》,A,第 805 页;B,第 832-833 页;《全集》,第 IX 卷,第 25 页)。不过,我们从这种判决中正好可以读出两种意义。

第一种是世俗化的意义。从教会的信仰到纯粹宗教信仰的过渡代表着对于上帝之国的靠近(《全集》,第 V 卷,第 115 页):人们越趋向世俗化,就越接近上帝之国。在此,心灵宗教导致无神论:宗教应该在先,而特定的上帝的观念应该随后。哪一种宗教？"宗教是'正义'的(mihi hoc religioni),它确立了特定的道的神圣维度和人应该向自己承认的东西的真实性。向你自己忏悔。为了实践这种宗教,上帝的观念并非一定要有,更不一定要先设:有一个上帝"(《全集》,第 XXI 卷,第 81 页)。我们又看到和海德格尔同样的原则:神需要存在,而存在需要人。

这种法则是一个体系。1)首先有的是神殿,然后是教会,康德指出:这是诸物的自然过程,他还说,从道德角度说,应该发生的(如同从笛卡尔开始在历史和理论的呈现形式之间的轮换)正好与之相反。2)《圣经》应该被解释为在道德视域之内,不过道德不应该被《圣经》解释,相反是《圣经》被道德解释,以至《圣经》的教导能够被理解为纯粹理性宗教的普遍实践法则(《全集》,第VI卷,第132-134页),因为上帝通过我们的理性(从道德上讲是实践的)说话,他是一个分毫不爽的解释者(《全集》,第VII卷,第875-877页)。3)不可见的教会,作为所有正直之人的观念,为所有的可见教会提供了原始类型(《全集》,第VI卷,第101-102页)。真正的可见教会就是在尘世上展示上帝道德之国的教会:从数量上讲,它是普遍的;从质量上讲,它是纯粹的,也就是说它的存在模式是纯粹的;从关系上讲,它是自由(服从一个不可见的、道德的父亲);从形态上讲,它是不可改变性,一如服从原始的律法,而不是服从专断的象征。

我们很容易把《判断力批判》中的纯粹审美判断的范畴表和被可感物的纯洁化的公理所支配的范畴表相比较:美是无利害的(质的),普遍的(质的),自由的(关系的,没有目的的目的性)。美以其在共通感的预设中普遍可传递的维度(模态的)为标志。因此,基督教在它应该成为象征的美的时候,可能需要有魅力的审美,是不足为奇的。教会和美一样,是一种道德善的象征,一种指示其固有的自我超越的标志;完善的教会大概能够把德行的宗教作为其真实目的引入,并且允许人们有一天放弃教条教义(《全集》,第VI卷,第174-175页)。在这两种情况下(宗教的和美的)——涉及的是放弃可感对象而达到知性存在——,康德在第三批判以及有关宗教的著述这两部著作中,谈到了辅助的东西,那些围绕本质的东西(《全集》,第V卷,第226页:著作辅助部分的框架和支柱;

《全集》，第Ⅴ卷，第52-53页：宗教辅助部分的奇迹、奥秘、神思的方法以及神思的结果；这些启示宗教本质的东西在此变成偶发性的，就像画框对于画一样），这并不会令人感到奇怪。这样，神恩经历了世俗化，这从它作为善的进步中的希望开始，并被我们会原始地倾向善的信念以及上帝用圣子的人格爱人类的榜样所强化，神恩这个神圣的榜样获得力量（下面我们还会谈到，这个榜样是成问题的）(《全集》，Ⅷ，第43页）。不过，神恩的方法只是迷信的幻想，并且成为一种拜物教的对象：祈祷、弥撒、祭祀只不过是为了加强精神的可感方法（《全集》，第Ⅵ卷，第195-201页）。

纯粹宗教信仰是单纯理性的信仰，至于任何启示，都是一种历史性的信仰（《全集》，第Ⅵ页，第195-201页），后者因此没有任何道德价值（《全集》，第Ⅵ卷，第111-112页）。一种把上帝和道德主体混为一谈的神话化以同样的行为与这种世俗化相对应。上帝的观念既不来自物理学，也不来自形而上学，而是来自道德，来自我们中间的道德关系（《全集》，第ⅩⅩⅪ卷，第149页）。上帝存在，但唯独存在于我们之中（《全集》，第ⅩⅪ卷，第144页以下，第ⅩⅫ卷，第105页，第122页，第126页以下）。我们在此看到了我们下面还要谈到的笛卡尔的证明：心理的明证性证明了上帝的存在：上帝取决于人，因为只有和人才能谈论道德。我们这些人，我们应该承认一种自由意志，以能够理解上帝存在的可能性。纯粹实践理性迫使我们自己构成一种上帝的观念，而显灵则把柏拉图的理念变成为一个偶像（《全集》，第Ⅷ卷，第400页）。"最微妙"的神人同性论，象征的神人同性论依仗的正是在"我思"中建立的上帝（《全集》，第Ⅳ卷，第356-357页），据此我们通过类比谈论上帝。问题于是涉及具有绝对客观价值的规约的观念(《纯粹理性批判》,A,第 697－698 页;B,第 725－726 页)。就这样,对上帝的认识成为象征的,而不是图型的(谁反对这点,谁就会落入神人同性论:《全集》,第 V 卷,第 353 页)。

一旦上帝的对象性被取消,人就被置于中心位置:从此,理性的存在就成为最终的目的(《全集》,第 IV 卷,第 427－431 页),人和任何的理性存在都作为自在的目的而不仅仅作为手段而存在。神学把自然视作目的之国(《全集》,第 IV 卷,第 436 页),道德则把可能的目的之国视作自然之国。目的之国只有通过与自然之国的类比才有可能(《全集》,第 IV 卷,第 438－439 页);同样,在《判断力批判》中,因为唯有人是自在的目的,那就唯有人的形式能够使美的理想具体化。另一方面,不论在自然中所观察的次序是什么样,理性的思辨意义让我们想到,这个次序来自最高理性并且推动我们按照神学律令组织世界诸物。因此存在一种想象力,而人和神,自在的目的和创造的目的在想象力中和谐一致。这是目的论的一般形式,而且,没有任何理由谴责其为人文主义的不虔敬,因为这正好是亚伯拉罕宗教的意义,也是诸如黑格尔(基督教高于多神教,多神教如同猎获动物的腐坏,牺牲和变形,因为"人应该能吃对他有益的东西",上帝赋予亚当命名动物的能力,同时对它们实施上帝自己的统治)、胡塞尔(在精神、科学和欧洲人之间的关联中)和海德格尔(人是存在的目的,存在是人的目的)所理解的意义。

3. 不论基督是不是典范,在康德那里都构成了这种神人两性变迁的模态点(le point modal)。与缺少任何典范化,只是纯粹虚构的统治计划相反,道德不需要榜样,因为律令先于道德并且存在着,问题不是要模仿诸圣人,而是要判断他们的行动是否符合道德律(Menzer,第137页)。所以,谁要求这样一种榜样或宣告各种奇迹,谁就实际上只表达了他的怀疑(《全集》,第IV卷,第62-63页)。关系则应该颠倒过来:对道德律存在的信仰并不通过榜样获得,而相反的要求,恰恰只能是怀疑。另一方面,也正是因为道德律存在,它要求显示,这种义务适用于任何道德之人,即使这个人不管怎样都知道这是理念完全的显示(《全集》,第IV卷,第63页)。此外,也恰恰因为我们不应该模仿圣人,而应给出神圣性的榜样,所以,重要的是,救世主有一天降临人间,不是为了创造信仰,而是为了显示信仰的存在。

基督不合时宜的神性起源因此是这种倾向的明显后果(《全集》,第IV卷,第63-64页)。救世主应该是一个人。我们可能注意到,基督降临人间并且为了造物的利益,放下自己的尊严遭受苦难,我们可能因为这个原因去爱他,并且认为这种完美道德的法则同样是适用于我们的法则,"但这个神人永远不能成为我们要模仿的榜样,所以也不能成为我们通过到达如此纯洁和高尚的善,我们也可以实现的一个考验"(《全集》,第VI卷,第64-65页)。但是,从此,基督有何用呢?"人类的任何知识都始于直观,从那里进入概念,而以理念结束"(《纯粹理性批判》,A,第702页;B,第730页)。宗教和启示的历史,从信仰到理性的过渡就是一个在心理学的规律中找到其运作原则的过程,它所遵循的是十八世纪的严格体系(只提几个最引人注目的例证,如孔狄亚克、维柯),这个体系远没有被超越。因此,世界的历史、救世主降临、时间的终结都是灵魂之易变的准确重复。人类教育的根本原则,按莱辛的说法,就是说启示是属于人类的,而教育是属于个人的。总之,启示的核心能够被带回到一个种系发生(phylogenèse)和个体发生(ontogenèse)的问题上去。这种立场大体上被康德所接受,他认为,要求救世主降临,就是要求灵魂表象的限度,康德写道(《全集》,第 IV 卷,第 65-66 页),人类理性的限度使我们永远不能在不表象他人的情况下赋予他人一种道德价值("没有形象,心灵就不能思维",亚里士多德:《论灵魂》,431a,16-17)。《圣经》必然导致这种类型的表象,但这涉及的恰恰是类比的图型,而不应该把这种图型与几乎落入神人同性论中的客观规定的图型混为一谈。另一方面,我们能够看到,一种本体论证明的剩余同样在康德的崇高的论证中出现:换言之,按照在《判断力批判》中设想的模式,例证同样在否定中适用:感觉的不充分使得我们之中产生对超感性的感觉。这说的是美的反面,抑或说的是规限美的象征法则的延伸(一如星空和道德律之间关系)?雅克·德里达(《绘画的真理》,第 157 页)恰恰强调在这种不充分的法则和安瑟尔谟的上帝之间的关联(不能设想任何比它更伟大的事物):康德那里的作为有限表象限度的无限的经验和对崇高的描述是一回事情。在这两种情况下,形象起着首要的作用:形象被确立,并同时指明是什么超越了自己,这正是因为任何形象都可能代表一种东西,是另一种东西的符号。形象似乎只是一种经验给定物,然而,如果上帝需要人(道德宗教),如果人需要形象(没有直观的观念是空洞的),那么经验就是构成的。

这样，上帝同样作为纯粹理性的理想而存在。正如康德所说，今天至高完满叫作理想。在柏拉图那里，叫理念。完满理想的上帝是知识的原则，他真实存在时，同样是实现宇宙完满的原则(《全集》，第II卷，第396页)。理念提供法则，理想则用作摹本的完满规定的原型。(《纯粹理性批判》，A，第567-568页;B，第595-596页)理念是理性的一个概念，理想是适用于理念的个别存在的表象(《全集》，第V卷，第232页)。理性的理想是原型(Prototypon)，一切事物全部作为不完善的摹本(ektypa)从它那里获取自己的可能性的材料(《纯粹理性批判》，A，第578页;B，第606页)。理性这独有的先验理想是真正的至高无上的存在，是先验神学的研究对象(《纯粹理性批判》，A，第614页;B，第642页)。这种柏拉图主义同样适用于美，它认为鉴赏的原初类型就是美的理想，就是理性最大限度拥有的未规定的理念。这不能依照概念，而只能通过想象的纯然理想来表现(《全集》，第V卷，第232页)。我们很容易看到在理性的理念(上帝)和想象审美理想之间的颠倒关系。不过，正如我们前面说过的，这个理想就是人。理想的确不是模糊不清的美，而是通过对象的目的性观念加入、固定于一个对象的美;唯一可能用于这样一种理想的概念就是自在地包容其固有存在的目的性概念。

接下来的事情问题很多:一个偶像是一个神，这个神以神人同性而不仅仅是道德的形式向我们表现。无论如何，如果唯有人可能是道德的存在，那么，就连所有神人同性论中最微妙的象征神人同性论也和最庸俗的神人同性论合流了。如若我们还承认启示宗教只是一种可感显示，源于人类不能在没有形象的情况下思维(至于道德宗教,它显示的完全是人的完善形象),如果我们承认这种划分指明了一种同时是历史和心理的进步(灵魂作为形象的胜地,逐渐地摆脱了可感物的束缚),从启示到道德宗教的过渡,就恰恰只是在现象学范围内可归之于想象的行动的历史性和事实性的说明或扩展,这种行动使我们得以保留形象,而又无须对象的可感在场,还使得我们随后把形象因禁为抽象的踪迹〔诸如"没有形象的观念"(eidos aneu morphè)等概念〕。

4. 于是问题在于否定任何对理念的感觉规定。康德所提出的术语由此而来:representatio(一般表象)可能是 perceptio(感知,有意识的表象),它被分为 sensatio(感觉,主体的感知)和 cognitio(知识,客观的感知)(《纯粹理性批判》,A,第 320 页;B,第 377 页)。知识是直观(intuitus,是个别的,直接与对象相关),或是概念(conceptus,通过可能以多个事物可以共同具有的某个特征为中介,间接与对象相关)。概念可能是经验性的,也可能是纯粹的。纯粹概念就其仅在知性中(而不是在感性的纯粹形象中)有其来源而言,就叫作 Notio[①],而一个超出经验的概念,就叫作理念(idée)。这个术语是在反经验论的意向中初露端倪(特别是反对洛克:从这个观点出发,和莱布尼茨《人类理智新论》第二章中的定义图表进行比较是有意义的)。当康德在做了这些说明之后断定,人们可以最终证明红色等同一个理念的说法是荒谬的,那这个术语就达到

[①] 拉丁文:思想、概念,这里相当康德所谓的"纯粹知性概念",也就是范畴。——译注

了目的。但是,如若我们正要分析柏拉图理念的双重特性,它同时指最高审美潜能和灵魂不需形象而思维的能力,而这种区分又完全产生于形象中(或者在由之而来的各种样态中),那困难还是完全没有解决。概念不是形象:不过概念把形象构建成为特定的样态,这样的看法在康德那里也有,尽管有许多相反的论述。只需看一下《判断力批判》第 59 节中对洛克的不断引用就够了(同样还有莱布尼茨,《人类理智新论》,第 169 页:"诸如支撑和基础这些隐喻的语词")。基础和实体(Grund et Substanz)均为象征的假设。概念的概念是一种隐喻,而概念(按照想象的运动)归根结底只不过感觉的扬弃。

逻辑理念不能够演示(exhibée),但是理性允许数学或可感的力学的推延,把它推至演示的极限:这就是为什么犹太教的最高预言是禁止形象的。就像实例只有作为否定实例才有价值,形象同样只在自己被超越时才有用。逻辑理念以审美理念的死亡而生,但它在这种死亡中找到了自己的根源。正是这个原因使得逻辑理念处于一种不仅仅是和审美理念相反,而且是产生效果的关联之中。然而,更一般地讲,这样的理念要与理想和偶像区分开来,可能是很困难的。无论如何,在承认这些样态(变化)和分化是在形象中产生的之后,理念、理想和偶像之间的区分(批判的和神学的)于是变得很成问题。理想不单纯是具体(in concreto)的,而且是个体(individuo)的理念:对我们来说,理想就是柏拉图的神圣知性的理念,"一个神圣知性的纯粹直观中的个别的对象"(《纯粹理性批判》,A,第 568 页;B,第 596 页)。柏拉图的理念于是被规定为一种认识直观,普遍的问题就是要知道哲学是否能够对知性直观进行抽象化。如果在最初,康德曾经把他自己的理念概念和柏拉图的理念(反对把理念的概念看作虚假形象)拉平,他现在则强调柏拉图主义的直观特性,并且主张把柏拉图的理念视作一种理想。然而,和柏拉图的理想相反,康德的理想没有创造性的意义,而具有实践的力量(《纯粹理性批判》,A,第 569 页;B,第 597 页)。不管怎样,康德就这样把理想的目的论意义和实例原因的概念接近起来。道德概念来自感觉经验(愉快或不愉快),但是如果"我们只注意它们的形式的话"(《纯粹理性批判》,A,第 569 页;B,第 597 页:形式又一次作为抽象化),它们是"完全能够被用作纯粹理性概念的实例的"(同前)。康德所描述的,恰恰是能够从中获得一种法则的感觉经验的抽象化:德行和智慧都是理念,但斯多葛派的圣贤是理想。圣贤只存在于思想之中,但是,我们会说,是通过抽象化,作为可以与已经存在过的斯多葛派圣贤相提并论的普通理念的结果。我们又一次陷入实例原因和终极原因之间的交错之中,模态(过去和经验)承担一种终极目的和先验的意义:"正如理念提供规则一样,理想用做摹本的完满规定之原型"(《纯粹理性批判》,A,第 569 页;B,第 597 页)。不过,从这种理想脱离了感觉的时刻起,理想和偶像之间的区别同样成为问题。存在理性的理想,而这种理想就是上帝,这没有什么可奇怪的。在对先验理想的描述中,康德接受了笛卡尔的规定:这涉及一种自然的理念(同前,A,第 581 页;B,第 609 页),他描述了有条件者向着这种理想所依靠的条件回溯的运动(《纯粹理性批判》,A,第 584 页;B,第 612 页)。先验甚至被规定为对经验的不充分性的把握("偶然性的内在不充分性":同前,A,第 589 页;B,第 617 页)。康德仅仅否定上帝存在的结论,换言之,否定一般存在的结论(由此而来数学至上和哲学感觉的从属,二者在康德那里是分离的,而在笛卡尔那里则是结合的)。没有任何东西阻碍我们承认一个具有最高自足性的存在,但我们对之不能有任何的确定性(同前,A,第612页;B,第640页)。另一方面,上帝成为理性统一的目的论假定,因而就不再是可探究的(同前,A,第614页;B,第642页),而奥秘就这样在图型中得到传达。这就是神学还原到心理学的结果。

5. 正如柯亨(Cohen)所强调的,根据感觉概念,我们没有在康德那里得到客体的形象,而只找到图型(schème)。狗的概念是一个图型,具体地讲,它不属于任何狗。图型法不是一个逻辑问题,而根本上是心理学问题,其根源就在贝克莱和休谟关于普遍理念的冲突中。和康德一样,形象代表个体,规则代表普遍。和具体形象相反,为了使范畴能够图型化,必须让各种概念比个别的表象更多。此外,这些表象应该能够与感觉实在的形式相符合。各种概念应该成为指代词(monogramme)。不过,柯亨认为,图型法的模糊和神秘的意义正在于此。但是,这种奥秘无疑是名副其实的奥秘,它是形象的一个来源,并且旨在通过单纯的相互作用或记录——就象在理念化的普遍属性的情况——使可感物变成为可知物。换言之,从形象到图型的过渡仍然是形象的一种来源。正如费罗南柯所指出的,解释图型法的必要性的激烈论争,应该在贝克莱的《人类知识原理》的导言中对抽象普遍理念的批判中寻找,导言重提洛克在《人类理智论》指出过的关于思考三角形的普遍理念的困难(换言之,三角形既不是某种维度的等腰,也不是纯数量,也不是等边的,等等)。此外,贝克莱认为,普遍和抽象的理念是逻辑悖论:如果我表象一只狗,狗是大的或小的,但它不可能同时是大和小的。最后,通过要求读者尝试表象一个一般三角形,贝克莱以实验的方式提出了一个心理学的难题(《人类知识原理》,导言,第13节)。康德正是要对此作出回答,他通过反对形象方法而进行回答:5个点构成了5这个数的形象,数字5或100是构成概念图型的一种方法(《纯粹理性批判》,A,第140页)。然而,问题是要知道这种方法是否与形象格格不入,或是否相反,这种方法从形象而来,就像被感觉留下的踪迹构成了感觉的理念化的恒常性。换言之,问题在于要知道,以特别接近的方法下到被称之为经验的领域,康德是否发现图型法的可能性的起因和条件。

应该注意到,对榜样的基督进行拒斥(暗含地拒斥)的理由——因此也就是对偶像崇拜的拒斥——同样也存在于康德对形象和图型之间的区分中。此外,在偶像、理想和理念之间进行区分的原则的困难也使得困难更进一步。正如勒维纳斯所强调的,从这个观点看,偶像崇拜的特征就是蔑视《托拉》(Tora)[①]。《托拉》是偶像崇拜的反题,是偶像崇拜绝对的对立面,因为犹太教要求对经书进行不间断的注释,对被活着的上帝的"气息"贯穿的文字注释。那时没有道成肉身的上帝,但是,正如勒维纳斯所说,有以生命的方式在文字中记录自己一生的上帝(《在国家的时代》,第70—71页)。勒维纳斯认为,符号是金牛犊的反面。不过,如果我们在

[①] Tora(Torah):托拉五书,希伯来语《圣经》的首五卷,《圣经旧约》70子译本和基督教译本称为 le Pentateuque《摩西五书》。——译注

哲学传统中考虑形象之参照的意义〔柏拉图的 eidos 的双重意义，亚里士多德那里作为自身和其它事物的符号的形象的意义，黑格尔那里作为事物和参照之象征的两重性，以及 sens（意义，方向）一词本身"奇妙"的两重性〕那么，区分形象和概念就会变得很困难，而它们显现为踪迹的两个结果，——以致《托拉》和金牛犊之间的对立，似乎更多地体现了出自共同根源的互补实在，也就恰恰是同时作为起源和派生的原则的踪迹。

这就是为什么区分形象和踪迹、踪迹和符号是根本不可能的，这种不可能不但表明了区分哲学和神学的根本困难（在所有要求世俗化的历史性证明之前），还表明了区分哲学和宗教的根本困难。强调这些结论似乎出自一种感知心理学的静止形态，而非一种历史的哲学，这是很有意义的事情。任何经验记录都设定了一种理念化。如若在海德格尔看来，想要把本体论和本体神学、宗教和基督教本身区别开来是成问题的（即使我们不考虑海德格尔思想受神学——一般来讲是宗教的——影响的重要性），那么，对勒维纳斯来说，把他自己把宗教看成是形而上学的观点同他认为海德格尔所持的本体无神论观点区分开来也是非常困难的。勒维纳斯认为，作为本体神学的哲学，正如海德格尔所希望的，思考上帝的意义的可能性。因此，这种哲学一下子就把上帝规定为卓越的存在；所以，西方形而上学的历史就是摧毁超越的历史。勒维纳斯与之对立的是他自己的道路——同样是基督教辩护的传统道路，因荒谬故而信仰的道路：上帝没有意义，所以他不可能还原为特定的在者和哲学。勒维纳斯同样反对以下事实：意义超越存在，其向本体论的回归意味着一种不幸的归约已经产生。哲学对在场和内在性的崇拜的习惯批评就来自于此。它要求这种经验的宗教思想——通过和哲学的对立要求——，表明它与哲学有同样的基础。如若我们承认在此正好被称之为心理学维度中的踪迹的东西，我们就应该承认事情可能相反：没有任何东西在场，一切都是踪迹，因为在场是在理想性形式下构成的。所以，勒维纳斯在笛卡尔的无限观念问题中看到哲学冲突，是很奇怪的事。笛卡尔恰恰引入了这样的论点：没有任何东西在场，因为，没有任何东西是单纯有限的。笛卡尔认为，上帝的观念使得"我思"的统一破裂。这种信念在马勒布朗士那里更加彻底：不存在上帝的观念，或者上帝就是其固有的观念："上帝的观念，就是在我之中的上帝，但它已经与追求观念的意识决裂，与所有的内容不同"（勒维纳斯，1982，第105页）。在参考笛卡尔的"第二沉思"时，勒维纳斯认为，无-限（in-fini）中的in同时意味着"不"和"在内"。不过勒维纳斯没有接受一种还原的立场，不谈通过有限引起的无限，而是更加强调：有限的否定已经涉入无限，它在作为踪迹的有限中被标志，这种踪迹既不是经验的，也不是超验的标志，但比二者都要古老：一种甚至比意义更加古老的意义，一种元-起源的意义。说到底，通过追随和康德、海德格尔式的超验想象的规定同样的运动的分析，勒维纳斯断定，踪迹对经验和先验的优先性，迫使我们否定任何对踪迹的超越。至于还原论以及对之的赞同，我们更加愿意在踪迹的先验特性中看到它的经验的和人类学的特性的结果。从这个角度看，不把存在的意义理解为原始的无-意义，也不把它最终理解为从来没有在场过的过去，而是理解为一种特定的认识踪迹，它通过单纯的相互作用产生意义。

形而上学,从这个词的现代意义上讲,实际上并不比苏阿雷斯的《形而上学争论》更加古老,它几乎涵盖全部纯理论哲学。它的界限很难确定。根据经院普世主义者的看法,形而上学与亚里士多德的第一哲学相融合。而在笛卡尔主义者看来,形而上学包括超感觉的三个领域——心理学、宇宙论和神学。从这种看法出发,海德格尔在《存在与时间》中能够从另一方面肯定基本存在论"应该在此在的存在论分析中去寻找"(海德格尔,1927,第33页)是非常有意义的,他认为存在的认识取决于存在论的认识,他随即说明,此在的优先性应该特别被规定为存在论的优先性。来自于此在的存在论的优先性的矛盾或循环(这更可能),应该同样被理解为存在论的优先性,因为此在的确在涉及存在的决定中成为这个在者。但是何为先验人类学?这是心理学和形而上学之间的关系,先验哲学的意义就包含在这种关系之中。形而上学是人的无条件,是通过自我超越的构建成为可能的模糊空间,萨谬尔·亚历山大①在格利弗德讲座(Glifford Lectures,1916-1918年)——随后以《空间、时间和神》之名发表——中确立了一个与图型法融合的神性的概念:神性不是上帝,上帝在我们之中,这就如空间和时间的关系:"神性不是圣灵"(亚利山大,1966,第Ⅱ卷,第349页),它是物质和精神的可能性,这同样是"神性是一种经验的性质"的原因(同前,第358页)。我们是有限的无限,这在亚历山大看来就意味着:我们是无限的有限,而神性则是无限的无限——我们是有限的,因为我们的灵魂在空间和时间中的扩展使之构成为有限的

---

① Samuel Alexandre(1859-1938):英国哲学家,实在论者。——译注

部分。我们是无限的,因为正如在《单子论》所说,我们的灵魂是整个宇宙的镜子。

6. 灵魂唯一的分析属性就是"ego sum, ego existo"(我是,我在)(《笛卡尔全集》,AT,第 IX 卷,第 27 页)。按那个时代通行的(同样也出现在维柯的著作中),标志着与亚里士多德的决裂的论证,没有什么比认识我的心灵更加容易了:内在的意义直接被认识。所以康德能够断定,时间的实在高于空间的实在。从此,我闭上眼睛,脱离开我的一切感官,并且试图整理我的知识。在我的知识中,有一些就像诸物的形象一样,观念之名唯与这些相适,多亏了它们,我表象一个人、一个怪物、上天、天使或上帝本人(《笛卡尔全集》,AT,第 IX 卷,第 29 页;第 VII 卷,第 37 页);这个感觉主义的定义后来导致洛克的出现,而且它已经导致了伽桑狄的论战,在论战中占了上风的伽桑狄针锋相对地揭露了笛卡尔的模糊性,认为笛卡尔恰恰把他的证明建立在观念的本体论和语义学的两重性上,即观念作为感觉的表象(它由此获得明证性)和知性原则(它由此获得必然性)。笛卡尔追求的其它观念是与情感或意志或判断相系的诸种表象。始自希腊哲学直至康德的人类学对感觉的辩护有这种看法:诸神观念在自身中永远是真实的。应该注意到,休谟也认为,一切感觉都是真实的,为的是把表象扩展直至判断。剩下的就只是我应该小心避免弄错的那些判断。最常见的错误在于认为我身上的诸物同样也在我身外存在,所以应该面对诸观念的根源的发生学检验;某些观念是与生俱来的(《笛卡尔全集》,AT,第 IX 卷,第 29 页;第 VII 卷,第 37 页),其它一些观念似乎于我是陌生的，并且来自外部，还有一些则是我所创造的。

不过还应该注意到，区分这三种类型的观念是非常困难的，其中任何一种都被置于表象的控制之下。笛卡尔此外选择了心理学类型的分析。这是胡塞尔后来所谴责的，但他没有能够因此证明就脱离了心理学（或人类学；胡塞尔把海德格尔的人类学视作一种偏差是错误的）。这些观念的根源因此是经验的（心理的）；而我的确信就以之为基础（和心理学不同），这是自然之光，我不能对之提出疑问，因为，从怀疑到确信的过程正是这自然之光给予我的。自然之光于是成为图型法，或更准确地说，成为统觉（aperception）的综合统一。这光是自然的：它是一种具有超验或构成功能的经验性给定物。这种光不能够被怀疑，而必须承认对象及其观念之间的差异，这种差异使我们想起类比和数字、形体相似和逻辑同一之间的差异（笛卡尔实际上提到了感性知识和有关太阳的天文知识之间的差异）。全能和万物创造者的上帝的观念肯定具有比向我表象的有限实体的现实更大的客观现实性。不过，鉴于自然之光——即如我们上面所说，一种经验给定物，它通过经验性本身而成为超验，并且是在感觉永远不欺骗的限度内——，很清楚，在整体有效原因中至少应该存在与其效果中同等的客观实在，因为虚无不产生什么。这样，如果在观念中存在某种不源于原因的东西，按照奥古斯丁的证明——人们在诸如莱布尼茨和博姆加登（Baumgarten）那里也能看到——我们就能够从中推论出原因是来自虚无。不过，我从主体角度思考的东西可能同样是虚假的，这并不妨碍一个原因的存在。由此有必要回溯到一个不是像原型（patron ou original—instar archetypi）那样的第一观念，换言之，向上帝回溯：除了上帝的观念，一切与人、诸物、动物、天使有关的观念都可能源于与上帝观念的组合(同前，AT，第 IX 卷，第 33 页；第 VII 卷，第 42 页)。上帝在此与在康德那里的创造性想象拥有同样的内容和功能，因为他神秘地与再造的想象保持距离。

表面看来，一切都来源于上帝。实际上，经验在此是超验的构成成分：上帝存在，否则有限的我就不能拥有无限实体的观念。被描述的机械论，就是德里达在《声音与现象》中分析的通过抹消的可能性在场的构成，并且产生同样结果(在场由本质编织，在此，超验与经验交织，反之亦然)的东西。不过对上帝的推论是双重经验的：上帝是一个有限在者的观念(心理的)。笛卡尔指出：从我们在无限的实体中比在有限的实体中看到更多的实在的时刻起，我们就不能够通过对有限的单纯否定来到达无限(同前，AT，第 IX 卷，第 39 页；第 VII 卷，第 49 页)。有人可能反驳说，至少，在原因和结果之中存在同样多的实在。不过问题不是对宗教的或类似的某种事情的承继或自然主义的推论，而是承认这样的事实：宗教情感恰恰在于经验和超验之间的游戏。如果没有无限的话，我如何能够知道我欠缺我怀疑的并且欲求的某种东西？诚然，我可能缺少另一个有限的在者，这个论据完全不证明我所缺少的东西是无限的，甚至也不证明这种东西存在(就像笛卡尔本人谈到的关于截肢的例子)(同前，AT，第 IX 卷，第 60—61 页；第 VII 卷，第 76—77 页)。作为宗教情感的结构出现的，就是踪迹，在有限中建立无限的缺失。

圈子缩小了：如若我自己是我的存在的作者，我就不会怀疑任何东西。如果怀疑，我就变成无限的证明。反之，我是有限的事实属于无限的本质,我不可能理解。有限和无限之间的关系和踪迹和印象之间的关系并无二致。我就是上帝的形象并类似上帝。上帝在我身上留下了制作的标记(就如同工匠把标记刻印在他的作品上一样,《笛卡尔全集》,AT,第 IX 卷,第 40 页;第 VII 卷,第 51 页)。我心中的上帝观念与生俱来的特性就是由此而来(我心中的上帝的踪迹在有限中引起对无限的感知)。一如奥古斯丁和柏拉图那里,意志〔我们说 absolu(绝对)的 cupiditas(拉丁:愿望,热望)、Streben(德:愿望,欲望)〕是上帝在我心中的形象。经验-超验关系(以及再造-创造的想象)通过三角形成为范例:我能够想象一个三角形,它的性质是不变的,永恒的,即便它产生自我。而这完全不能说明我能够从感官外部获得它,因为我能够想象从来没有见过这样的形状,但这个形状的某些确定的性质或形式或本质还是有的,是不变的,永恒的。笛卡尔得出结论:这样的证明可以用于上帝存在的证明。当然,问题是三角形在我心中,我能够看见它,这样的形象是某种经验性的东西,我们不能够摆脱它,以致经验实在不可绕过的性质把经验实在改造成为一种先验的给定物。的确,我不能设想没有存在的上帝,就像我也不能设想没有谷的山一样——这说的是一种审美的,而不是逻辑的不可能性。换言之,我完全可以设想没有存在的上帝,并且把他的存在视作审美的结果和一种类似使我不能区分千边形和别的多边形的感觉缺陷。让我们回到三角形上:如果我想一个三角形,我不能想一个没有某些属性的三角形。这又一次涉及到被改变成为逻辑证明的审美证明——不可避免地被改变成为先验的经验。从形象的不可回避的功能出发,我们的确能够承认,通过对经验的排除,我能够想象——没有想象——这样一个千边形,从审美的角度看,它比一个五边形稍稍复杂一些,而不可能与一个多边形区分开来。因此,"第六沉思"讲的完全是想象,而全部证明都依仗着想象(通过持存制造观念化的感觉被动性)。

7. 在《信仰和知识》中,黑格尔得出了一个可能来自康德的结论:先验想象是直观的知性,而直观的知性是知性的原型。但是,这说的是一种仅仅表象在广延中的范畴而言的原型,当范畴要脱离广延时,就变成了范畴(这正是基督教上帝的特征所在,因为这个上帝脱离了感知)。同样,在《哲学全书》第 55 节(涉及在《判断力批判》中发展的普遍知性和特殊直观的关系的观念)和涉及图型法的《哲学史讲演录》中,黑格尔认为这种通过先验想象在图型中的感性和知性的统一,构成了康德哲学中最出色的篇章,而康德本人没有意识到这点,他没有把想象相对于直观和知性的优先性问题的讨论进行到底。由于否认这种优先性,康德本来应该实现外部的综合,就像人们用一根绳子把脚绑在桌脚上一样。如果人们认为综合中的综同时是经验的和先验的,是不能用黑格尔所想的原始模式来规定的话,那上面所述就完全是正确的。然而,在黑格尔看来,在生命和活的精神符号下有价值的东西,用经验和先验之间联合的术语(生命就是它的特定的样态;生者在自身中包括其原则和目的)可以得到更加实用和清楚明白的理解。

再回到《信仰和知识》上,另一方面,我们理解为什么黑格尔坚持强调想象的原始价值。新教通过把信仰带回到良知实现真正的信仰,但是新教于是把有限的形式绝对化,雅各比、费希特,甚至康德都是同样,以致这种哲学不能到达对上帝的认识,而只能到达对人的认识。但是"真理不能够被这样的有限性的确认所欺骗"(《信仰和知识》,全集,第 IV 卷,第 323 页)。绝对并不是由有限和无限组合成的,但绝对中的限和无限"合二为一",并且有限性消失,因为其中的所谓否定被否定了(同前,第 324 页)。我们看到,黑格尔重复笛卡尔的证明,或者更确切地说,重复了笛卡尔运作的逻辑结构。不过结果并不是证明上帝的存在,而是证明一种绝对的存在,这种绝对以先验想象的形式内在于人。这使得康德的分析能说明问题,同时又是有局限的。

在黑格尔看来,康德的纲领完全包容在洛克的计划之中。换言之,康德的纲领仍然标明在心理学的框架之中,只是在有关先验综合判断的可能性条件问题上才脱离这个框架。但是,想象作为判断的可能性正是在此涉入。想象,实际上是经验和先验的统一(同前,第 327 页)。黑格尔强调先验想象的外部特性理所应当。通过想象,有限知性的心理学检查能够同时规定先验综合判断的可能性,这些判断正是"通过异质始源的绝对同一性"(同前,第 328 页)而实现的,或不如说,是依照经验和先验、再造和创造之间、非可辩证和可辩证之间的始源同一性而实现的。

不过,问题是,在这种情况下谈"始源的"并不恰当。想象只有在它由之产生的范围内才是始源的(它在直观和知性之间进行综合)。判断只有在当它同样也是一种直观判断(judicium sensuum)的时候才是先验的。黑格尔确认,如果我们不承认想象是首要的,是制造主体和客体的东西,而非主体和客体之间的中项,那就全然不能理解先验演绎。黑格尔在始源的本质问题上的错误〔就是说没有考虑到这种始源并不需要参照最早的(prius)这样一个始源概念〕,使他把康德的主要功绩反而视作康德想象理论的一种局限(海德格尔在关于始源时间问题上作了同样的事情,他认为始源时间性不能和空间化的、庸常的时间性混为一谈):"在康德哲学中,我们最有可能忽视创造性的想象,因为他的纯粹理念实际上是以相当模糊的方式陈述的,像其它的力量一样,而且差不多在心理(但是先验的)能力的通常形式中论述的"(《信仰与知识》,全集,第 IV 卷,第 329-330 页)。正如黑格尔明确指出的,这表现了康德在灵魂和身体之间关系的解释上面的困难(同前,第 333 页)。但是黑格尔——根据导致他批评综合的外在性质的同样思路,即康德没有探询综合的始源的性质的事实,等等——把他对心理主义的批评彻底化,因为心理主义玷污了想象的先验性质,这是通过把康德的体系变成一种形式观念论,恰恰与洛克的观念论相当接近的观念论,以及把作为主体的知性等同于否定其为绝对,并且以此对其关闭所有通向绝对的入口的结果。由此引出在第三批判中对想象的重视,不是相对于审美判断,而是相对于目的论的判断(它把想象问题从纯粹心理或审美范围内转移到目的论范围),换言之,也正是在此,先验想象和直观知性之间的同一性被突出了,这正好导致如下的神学结论:"如果我们揭去掩盖康德哲学的实践信仰,也就是对上帝的信仰的某种非哲学和普通的外衣,我们就会看到其中除了以下观点,没有任何别的什么:理性同样具有绝对的实在,以这种观点,任何自由和必然的对立都被消除,无限的思想同样是一种绝对的实在,换言之,是思想和存在的同一性"(同前,第 344-345 页)。这样,我们时代的宗教问题就被提了出来。如果绝对在其经验和心理的根源上得到承认(暗暗地延续着笛卡尔的证明),我们就设想无限比有限具有更多的实在。

8. 共同的而且不为人知的根基"可能"来自感性和知性(《纯粹理性批判》,A,第15页;B,第29页):海德格尔认为,这就是康德要深入的奥秘。由此我们可以问的是,海德格尔的视界,因为正好设定了主体的存在和主体性、超越性和自我超越性之间的关联,是否转向一个先验的想象,而这种想象恰恰因为是派生的(按照德里达所谓的补充的逻辑)而为原始的。我们曾经说过"主体性",并暗中把它和海德格尔的"此在"对应起来,因为海德格尔对主体性的批判是从历史文献中的论题那里诞生而来的。"此在"的自我超越性实际上是《沉思集》的核心本身。但是,这种自我超越性正好构成想象的特性(被动把握的踪迹,并且因此变得自发、主动和观念化)。反过来,想象就是"此在"的本己特性。就这样,在1922 – 1923年的冬天,海德格尔建议用 Áber das Sein in der Welt (在世的存在)而不是用 Von der Seele(灵魂)来翻译 Peri Psychés(《海德格尔全集》,第Ⅱ卷,17,第6页)。灵魂是想象的中枢:踪迹的持存保证时间性,主体性只不过是可感的持存的结果,这种持存反过来变成向着观念化的张力(这就是海德格尔几年后命题为"此在"的所谓自我超越性,他明确说"此在"已经成为自我超越者,也就是说成为一种观念化持存的结果)。这种来源于想象的同样的机制,又一次在"此在"和"存在"的关系中被确定。在《存在与时间》中,存在被规定为超越者——作为全然的超越者(transcendans schlechthin)——,而且是作为在"此在"中被思考的超越者(换言之,在"此在"中找到其可能性条件的超越者)。这种展开在《什么是形而上学?》中由于对无的注重而被阐述得更加清楚,并且很容易就可置之于笛卡尔的视域:"存在本身在本质上是有限的,并且只有在那个嵌入无之中的此在的超越中才自行启示出来"(海德格尔:《路标》,第 75 页);"对在者的超出活动发生在此在之本质中。但是这种超出活动就是形而上学本身。这也就意味着:形而上学属于'人的本性'……形而上学就是此在中的一种基本发生。形而上学就是此在本身"(同前,第 77 页)。反过来,"根据的本质"(Vom Wesen des Grundes)被规定为经验的自我超越性的正题化,而这个正题化是作为先验的可能性:"无"是对在者的"不",在者的"不"(无)揭示了存在;存在对于在者是差异,在者使之成为可能。"存在论差异是存在者与存在之间的'不'"(同前,第 79 页)。我们在此找到暗含的对想象的规定:保留不在场的可感事物的踪迹的能力。

因为根据是存在与在者之间的差异,是被"此在"的自我超越性制造的这种差异的"无",并且自己超出自己,倾向先验,所以根据是欠缺的。在此涉及的是笛卡尔论述的准确重复,并且这种重复导致同样的结论:那些从经验上证明为先验的构造的东西把自己显现为先验所构造,并通过观念化而得到解放。用实证的语言,我们可以说发现了宗教情感的根源,但是问题并不在此。海德格尔论及奥秘、两难、退避时所说的,因此,还有其对本有(Ereignis)的全部思考,都来自于向着始源的冲动。我们能够以夸张的方式呼唤前进一步的东西——但不如说是构建想象的思辨特性的正题化的东西——从根本上包括两点。首先,完全不能保证有限和无限之间的中介能够被分解在一个倾向无限或有限的决定之中:可辩证和不可辩证之间的辩证法仍然是辩证的——它甚至构建了二者之间最内在的可能性——因此它没有被这两极中的任何一个所独霸。这就是在想象中产生的,并且同时表现为持存和观念化、有限被动性和无限相互作用的可能性的东西。其次,把这种主动性规定为"始源"(在黑格尔和海德格尔的意义上)是没有必要的,因为,始源和派生已经是来自想象的被动-主动性的构成对子。在此,始源只不过是来自目的研究——以弗洛伊德式的"事后"(Nachträglichkeit)或勒维纳斯的"从未在场过的过去"的方式——的考古根据。于是,谈论"我思"或"此在"的自我超越性就意味着描述踪迹的心理主动性:一个踪迹被标记。标记的行为是经验的和被动的。剩下的是要让作为标记,因此也是作为观念化的踪迹同时成为先验的。唯有这样的运动规定了想象的先验特性。

在场的构成由于经验的消失而变为可能的。就这样德里达能够说无限的差异是有限的(不应把它理解为对有限的颂扬,而应理解为有限和无限之间的相互关涉)。在场从来不向自身在场,因为在场是从语言角度被构成的,从更加本质的观点看,是作为踪迹以文字学的方式构成的。心灵在相互作用中,也就是在文字中(在作为文字和心灵的可能性的相互作用中)找到自己的始源。这恰恰是以另一种方法说"经验(经验的某种给予)是先验的"——它是先验的可能性。符号示意(signe fait signe):在语义上,符号根据此外已经成为形象起因的东西指示自身和他物;从存在角度,符号悬置在在场和不在场之间。就像想象同时是被动的记录和主动的观念化，符号先于存在论和现象学，先于经验和先验，从这个意义上讲，符号先于真理；所以它是一种存在，而不是一种本质。

所以，海德格尔建议用"在世的存在"来翻译"灵魂"。踪迹使之成为可能的偏移并不是"我思"的样态，它允许构建我思的样态。此外在康德那里也同样：从把时间变成经验的时刻起，我创造了时间，换言之，从我把内在意义和外在意义组合起来——这是按照亚里士多德把时间当作根据先后而运动数目的规定——的时刻起，我就创造了内在意义。应该询问上帝的始源和人的始源是否恰恰在于这个内在于踪迹的奥秘（经验和先验的条件）。所有滋养精神世界的"神学"（形而上学）的概念都来自于此：形象或表象，可感和可知，自然和文化，自然和技术。不过，我们可能注意到：要后退直至踪迹的可能性的企图本身，会达致奥秘的具有特性的统一性结构。但是，这正是为什么问题不在于追溯至始源时刻（如果我们承认海德格尔赋予一般始源要求的形式）的原因，因为，从此，就只存在一种庸常的时间，或不如说，因为始源时间本身衣已经是一种派生时间。一切都可能是神圣的或世俗的，充满意义或毫无意义的，这只揭示那些显示为最平常的明证性和最成问题的奥秘的东西的单纯结果；通过踪迹的标记从感性到知性的过渡。

马利耶纳·莱约拉译自意大利文

参考书目：

Alexander, S., *Space, Time and Deity*, The Glifford Lecture at Glasgow

(1916 – 1918), réédition. New York, Dover Publications, 1966.

Baudelaire, Ch. , *Œuvres complètes*, éd. De Y. G. Le Dantec et de C. Pichois, Paris, Gallimard, coll. Bibl. de la Pléiade, 1975 (OC).

Cohen, E. , *Kants Theorie der Erfahrung* (1871), 3ᵉ éd. , Berlin, Cassirer, 1918.

Derrida, J. , *La Vérité en peinture*, Paris, Flammarion, 1978.

Descartes, R. , *Œuvres de Descartes*, éd. de Ch. Adam et P. Tannery, Paris, Vrin, 1897 – 1913 (AT).

Feuerbarch, L. , *Sämtliche Werke*, éd. de W. Bolin et F. Jodl, 2ᵉ éd. , Stuttgart, Bad Cannstadt, 1959 – 1964, 10 vol. (SW).

Hegel, G. W. F. , *Glauben und Wissen*, in *Gesammelte Werke*, Rheinsche-Westfälische Akademie der Wissenschqfte, éd. de H. Buchner et O. Pöggler, Hamburg, Miener, 1968, vol. IV,《Jenaer Kritische Schriften》, pp. 315 – 414, trad. française, *Foi et Savoir*, traduction, introduction et notes par Marcel Méry, Paris, Ophrys, 1975 (GW).

Heidegger, M. , *Heidegger-Gesamtausgabe*, Francfort-sur-le-Main, Klostermann, 1975 (HG).

Sein und Zeit, in *Jahrbuch Für Philosophie und phänomenologische Forschung*, 1927, vol. VIII; trad. française, *Être et Temps*, Paris, Gallimard, 1986.

Wegmarken, Francfort-sur-le-Main, Klostermann, 1976.

Kant, E. , *Kants Gesammelte Schriften*, Køningliche Preußische Akademie der Wissenschaften, Berlin-Leipzig, 1900; Deutsche Akademie der Wissenschaften, Berlin, 1967 (AK).

Kritik der reinen Vernuft, 1ʳᵉ éd. , 1781 (A), 2ᵉ éd. 1787 (B); trad. française, *Critique de la raison pure*, Paris, PUF, 1944.

Leibniz, G. W. , *Die Philosophischen Schriften*, 7 vol. Sous la direction de

C. I. Gerhardt, Hildesheim, Georg Olms, 1960.

Levinas, E. , Dieu et la philosophie, in *De Dieu qui vient à l'idée*, Paris, Vrin, 1928.

A l'heure des nations, Paris, éd. De Minuit, 1988.

Menzer, *Eine Vorlesung Kants über Etihk*, Berlin, 1924 (Menzer).

Philonenko, 《Lecture du schématisme transcendantal》, in J. Kopper et W. Max, *200 Jahre Kritik der reinen Vernunft*, Hildesheim, Gerstenberg Verlag, 1981, pp. 291 – 312.

卡普里的对话

伽达默尔

在我们这个人数有限的讨论会上,作为唯一的德国人,我的身份有些尴尬。没有任何一个与会者用我的母语进行表达。而我衰退的听力只能听懂用法语、意大利语、西班牙语快速表述的意见的大概。即使现在,我也是在读过了瓦蒂莫和德里达发言的整理稿之后才提起了笔。

德里达如此出色和忠实地表述了我们气氛热烈、友好的对话,以至我绝对没有什么可补充的。然而,经过思考,瓦蒂莫和德里达之间的对话对我是那么重要,以至我很乐意能够更进一步阅读相应的发言。

无疑,从除我之外,所有与会者也都来自拉丁世界这一点看,讨论会的组成有失平衡。我是唯一的新教徒。毫无疑问,正如德里达所指出的,更为敏感的是,讨论会缺少伊斯兰教的代表。同时,我们中间也没有妇女参加,而关于"我们世界中的宗教"这个题目,妇女——特别是母亲们——应该有首先的发言权。

不过,气氛是非常和谐的。尽管各自使用不同的语言,我们之中没有人感到与任何教条教义相关。"宗教"这个共同的术语无疑——会前会后都一样——始终保持着可能来自古罗马乡村文明的罗马垄断。但是,我归根结底并不期待词源学上的什么重要东西。至此,海德格尔和德里达都没有能够说服我相信,各种词源学会教我们一些重要的东西——一旦不再真正在活的语言运用中说话,即使它们是准确的。此外,在这个研究领域,何为"准确"?

我认为,我已经明白这次卡普里聚会是由那些概念引发的。这正是德里达和瓦蒂莫的两篇发言明确陈述的问题。鉴于上面已经指出的原因,我的发言只限于非常一般的观点介绍。我们的研究主题在今天肯定在某种意义上有所扩展,那就是"宗教和各种宗教"的主题。仅仅是从这个角度出发,宗教问题在当代世界中成为了中心问题。不用把二次世界大战看作宗教战争时代,人们也会承认,第二次世界大战的灾难其实是发源于标志宗教战争的血腥疯狂。这也正是瓦蒂莫的发言所关注的问题:在第二次世界大战的冲突中,教条的无神论也在幕后起着自己的作用。此后,这个"幕后"发生了变化,以至在纳粹种族主义的疯狂和苏维埃强权宗教结束后,就不再存在同样的激烈冲突。

然而,我们应当理解要改变专制的经济和社会结构时所遇到的难题,那是要在各个地方——比如俄国——引入西方的经济、政治实践来代替中央集权政府和专制计划经济。而这种难题毋庸置疑也是许多"发达"国家中的知识分子所遇到的难题。就任何计划经济都保留着理性的诱惑而言,苏维埃国家的解体并没有使中央集权的社会制度消亡。我们远没有打破对"真正的"社会主义的梦想。面对这些梦想,平庸的日常生活遇到了困难。民主要与之相适应的这种迎合、危险、依附、不稳联合的适度的制度,很难为现代大众社会所承认。一个不定的妥协的现实主义制度,既不能满足强烈的梦想,也不能满足习惯服从的社会幻觉。学习这种现实主义,要比执着于拯救的启示要困难得多,因为后者是拯救专制——不管这种专制多么具有压迫性——,是拯救世界革命的梦想。

在消除人们在意识形态中强加给自己的马克思主义学说的欺骗性——正如教条的无神论所鼓吹的——之后,各种宗教本身在与人的联系方面遇到了很大困难。的确,各种斗争现在在其它战线爆发。而发生变化的,是教条无神论不再只有一种。"冷漠的无神论"代替了马克思主义以及其对如此宗教进行否定的位置。这似乎越来越成为工业化国家中年轻一代的主导行为。无疑,他们相对人类总体并非大多数。同样,和这种"冷漠"的关系根据不同的基督教信仰而存在巨大差异。但是,我们不能再隐瞒这样的事实:我们社会的工业化有时给人以世界经济宗教的感觉,并且让人们预见一种将来。这也并不绝对让我感到惊奇。马克斯·韦伯告诉我们:资本主义和工业化的启示很大一部分是从清教徒那里获得的。特别是预定论,在工业化国家的人民看来,今天已经在很大限度内使商业中的效益追求合法化。科学技术方面不可否认的种种进步,从这种发展的结果中获取一定的独立力量,而这种力量干脆就脱离了我们的控制。正是这种工业和技术发展的内在规律,越来越多地规定了我们要碰到的事情。我们这些欧洲人,我们正面对这样一个事实:我们不再知道什么东西能够对抗这种命运的方向,在美国情况也是一样。在工业发达国家,制度实际长期导向一种不断增长的财富。但是,这种制度一开始就应该为贫困化和工业无产阶级的出现负责。这就是马克思和恩格斯严肃揭露的事情,特别是在英国这个过去机械技术最先进而失业者最贫困的国家里。随着经济的工业化,后来产生了全新的社会冲突,以致现代国家的社会政治处处碰到各种新问题。工业化在总体上导致生活的所有方面渐渐规范化,不可避免地和福利国家(welfare state)一起变化。就这样,比如在劳动中,在工薪者和雇主之间的竞争导致采用一些在总体上证明他们的程序。保证失业者有保险并且阻止失业率的增长成为一个经济和社会的重大问题。雇工大军于是就和这个问题联系起来。就这样,我们建立一种无孔不入的科层现象和生活方式的全面变革。尽管我们这个世纪中由于恐怖战争引发的毫无意义的破坏,但其重建不断地引起技术革命。因此,在发达国家,尽管这些战争造成各种各样的扫荡和破坏,在富国和穷国之间的鸿沟总体看来越来越深的同时,财富并没有停止增长。这就导致发达国家形成一种新观念,那就是"生活质量"的观念。在我们生活的发达国家,家庭的古老基础被削弱了——而在所有的条件下,从贵族和大资产阶级到其它当代社会阶层,都毫无例外。同样,在宽泛的限度内,服务不再像以前那样是光荣的,这同样触及到基督教教会及其生命力。

不过,还有其它一些宗教和文明的广阔领域,这些领域并不绝对来自"清教徒",它们从现在起可能也被"世界经济宗教"所染指,或者准备成为"世界经济宗教"。我们不知人类的绝大部分(不论其为什么)是否有机会坚持——在几乎透明的、处处都是人类自己的工业笼罩下——其宗教基础上的本己文化世界和本己的社会性。我们所谓的启蒙在基督教欧洲的现代性中占有一席之地。然而,我们的思考实际上应该及时地更上一层。我们慢慢开始认识到：诸如中国或印度那样如此伟大的古老文明，只是在最近才开始与晚近的欧洲启蒙进行对话。当我们现在要问为什么基督教启蒙在欧洲，而不是在世界的其它地区或文明中获得胜利，我们就会在对西方命运固有的认识线索上更进一步。在欧洲，启蒙一开始是在我们的语言结构中见证它的标志点上初露端倪。我们给这现代启蒙的背景一个取自其始源的名字"复兴"，即复兴古希腊和古罗马，并非没有道理。然而，当我们以"宗教和诸种宗教"的名义，关注人类命运并估量自己的将来时，我们必须学会高层次的思考。我们还应该密切关注这样一个问题：即要知道是否还存在其它宗教和文化世界，可以最终给予科学启蒙的普遍性及其后续者以不同于世界经济宗教的答案——世界可能会找到我们尚没有任何想法的另一种答案。

在此，我并不想冒险做任何预言。我宁愿相信，现代科学和技术的道路，世界经济的道路，获得了对于这个地球上的人的命运的不可改变的结果。我绝对不愿意秘密地在广阔而又前途无限的崭新道路上，延续希腊和基督教通过人类地域所开创的小径。我并不想要唤起人们对于一切都可能重新趋于平衡的希望。技术——一般的武器技术和特殊意义上的原子技术——置于人们手中的破坏力量，第一次把人类问题，即这个地球上的人类延续的问题变成为一个现实的问题。为了成功地建立自然和文化之间的新平衡，我们必须求助于哪一种修正方式，哪一种人的社会和政治的教育？

问题的提出并非没有道理，而且这个问题具有极富意义的重要背景。人这个种类的适应能力，这种与所有生活形式和文化创造形式共有的能力，全然不属于形式统一的自然。比如，让我们想一想远东文明，想一想其中中国和日本的文明：借助那些完全不同于我们的一些道路，这些民族促进了我们所熟悉的德行，比如能够使我们接替欧洲科学和技术的自律、毅力、仔细。实际上，技术世界的精密机械，似乎都是被直接记录在了那些民族固有的手工艺中。实际上，这些民族走工业、技术之外属于自己的道路，而完成了和我们完全不同的杰作，比如在建筑或园艺方面，还有在文字和书法方面，而这些都源远流长。同样在他们本己宗教的内部，这些人民以无与伦比的方式，根据与西方严格意义上的人权迥然不同的种种人的权利，始终和血脉和家庭范畴紧密相关，而这些权利绝对不适合死亡在欧洲所具有的重要性。

参加讨论会的人，特别是主要发言人，在我们欧洲文化的框架内努力探讨宗教问题，正如在启蒙领域中提出我们自己的问题。无疑，为了把主导这次对话的对于宗教经验的非教条的期图置于全球视角之下，把问题扩展到其它重要宗教是可能的，也是必要的。但是，在谈宗教经验时，必须从经验本身开始。还要很快地概览其它的重要宗教，了解这些宗教中其实从来都没有缺失过的某种宗教经验。有关死亡的知识同样意味着不可能经验死亡，这种知识难道不是处处可见吗？正是这种自身有限的知识，自然界中的其它任何生物都不可能使用。

只要想一想希腊传统提供给希腊埃斯库罗斯悲剧中的普罗米修斯就足够了。我们正是在奥秘形式下发现了一种意图：思考是什么把人和其它生物区别开来。这种意图不仅仅被设定为受益于一般意义上的死亡知识，而且还被设定为受益于每个人对自己死亡之日可能有的预知识。普罗米修斯，这个象征一般意义上的先知的神性人物,从此在悲剧中代表一种人:他向人们预先掩盖他们死亡时日的知识。这就是在他之后,他给人类留下的所有服务,超过了火的赠与。因为人们现在通过热情、劳作和对将来怀有的欢乐,克服了至此还麻痹他们的懒惰和无望。从这个意义上讲,在对神话中窃火重新解释的思考中,这是大大地前进了一步。在此,问题不仅仅是构成人的丰富多彩的技术能力的火的使用,而且是某种从远处超越火的东西:实现计划和普遍的能力。人们只关注把普罗米修斯悲剧归功于启蒙时代的可观进步,不断地怀疑埃斯库罗斯是这出悲剧的作者,这些都是可理解的。的确,死亡的深不可测和令人焦虑的特性始终就像是一种"嫁妆",给予一切先知思想,给予把人同其它动物区分开来的东西的"嫁妆",这是一份有毒的礼物。在人身上,"预知"似乎导致想通过思想去完全超越死亡,尽管死亡确定无疑。就这样,人成为我们所知道的唯一能够埋葬同类死者的生物。

这就明确地表明,人努力要把死者保存在死亡之外,并且就这样在祭祀中纪念留在他们记忆中的死者。每一个人类原始史学家,都会惊奇地看到每一座坟墓里总是包藏着献给死者的牺牲。在奥斯陆,祭品会是整个一条船,而且给这个世界之外的生命奉献的礼物似乎处处可见,而这些礼物并不是在字面上用现实的术语来理解的。这里涉及的是一种象征活动,一如人的其它毋庸置疑的本己活动,如语言活动。这些活动可能是不可分离的:跨越死亡界限的思想活动;语言这样的奇迹活动。这些活动能够把存在赋予某种始终悬搁的、并不存在的东西。谢林说过:"对死亡的焦虑使造物超离自身",这就使人得以在其中心坚持。也正因此,海德格尔把死亡的焦虑描绘为死亡的预知。

海德格尔通过思想对上帝进行探询,这显而易见成为我们在卡普里进行的有关宗教的对话的背景。对话双方都面对同样的问题。一方面,对双方都重要的是:从所有教条中解放出来,特别是从只想在宗教中看到欺骗,或人强加给自己的欺骗的教条中解放出来。双方只是在这一点上达到共识:尽管认识到宗教的急迫性是重要的,但也绝对没有教会学说回归的问题。另一方面,似乎人们不再能够立足于把希腊形而上学变成启蒙时代的自然神学的再造上。两种立场被海德格尔视作对形而上学的超越或从形而上学中解放出来的康复。这并不能免除我们自问:这样提出的问题是否真的能够得到一个出路?关键可能在于人的思考不能解决的问题,这同样是海德格尔最后自己承认的:"只有一个上帝能够救渡我们。"

瓦蒂莫一下子就引起关注的,是他紧紧扣住宗教回归提出的问题。显而易见,这种回归对他来讲并不归结为一种形而上学或任何教会学说的回归。面对所有轻率地做出的拯救宣言,两个对话者期望严肃地把握死亡的不可理解性,并且发现宗教应许所包含的答案与我们趋向理性的义务互不相容。不过,瓦蒂莫本人强调:回归的现象深深地扎根在宗教经验中。人们说到"对话",并非毫无目的。胜利地占有人们进入的世界,通过孩童获得母语而给予了儿童。这是一种非同寻常的经验,这种经验让我们每个人去作为,但这也像一场我们在其中冒险的奇遇,因为谁都不可能最终避免这样的经验,这种经验向之告之这种占有的界限。不管与无限占有相关的胜利感觉是什么样的,不管人被引至的发展程度给思想带来什么,和悲痛、失败、不成功相关的痛苦还是不可避免地限制了无限占有的疯狂观念。因此,避免任何教条冲动的任务,不断被牵涉到死亡的奥秘之中,而对作为孩童信仰的幼稚信仰的怀念,不可能为之提供疗药。因此,任何人都永远不会知道他的真实存在的真正开始。重要的永远是朝向不可逾越的界限的我们本己力量的经验、知识和检验。想要通过讨论消除我们童年的始源以及我们经验的历史,那是一种奢望。这种历史就是人的历史,就是人不能触及的存在的历史。无疑,从对世界认识的开始,也就是从童年开始就进入宗教生活仪式中,并不是什么无关紧要的事情。再者,在成长尽头才进行的解放中,任何人都不可避免地遭遇启蒙时代的各种要求,同样也连同这些要求的界限。

人的生存意识,似乎不可避免地趋向记忆和回忆领域的新的视域,并且保持着向未来的视域开放。即使当人们临近生命的终点,期待和希望也要在将来的视域中努力战胜一切懦弱。人就这样制造了人类本性不可能真正放弃的经验。当人有足够力量的时候,求生的斗争与之针锋相对。十字架上受难的上帝,对立于所有其它彼世和将来的象征的上帝,代表着一种超人的要求。如果有某种东西和生命不可动摇的力量迥然相异,那是因为生命意志的特点就是坚持不懈地追求将来。这其中是否可能存在某种接受死亡的因素?这难道没有超越任何人力?人们预感到这个事实的意义;把意义带入文化范围的启示,就是人子和上帝之子的十字架上的死亡的启示,这种启示被确定为真正的救赎,并且继续要压倒一切应许。

瓦蒂莫的发言实际上是要求一种用注释表明的精确的文本研

究。这不是我所能做的。就文本使我学到某些东西而言,事情确实如此:我明白他是要避免形而上学,避免使用形而上学的神学。我同样明白,和瓦蒂莫相近的人物,即勒维纳斯,并不能令他完全满意,因为他只限于在人从生存中获得的意识中,突出有限性和创造的条件。我们更加清楚的是,在海德格尔从时间(及其超越)的形而上学观点出发的全新分析中,什么是道成肉身所不可避免的,或者道成肉身意味着什么。瓦蒂莫要重提谢林向实证性的转变,以脱离形而上学。他于是要求自己用实证性取代奥秘的位置,即便谢林依照的思想,应该通过求助于基督的启示而修正其地位。在此,就像谢林思想一贯坚持的那样,人们必然会把这个转折和黑格尔表述为绝对知识道路上的一个阶段的问题的情况——就其涉及宗教和哲学的关系而言——重新联系起来。无论是在《精神现象学》的最后,还是在《哲学全书》的开头,用以表达宗教和艺术关系的方式只能渐进地被揭示出来。若不求助艺术,人们就不能进一步从表象到如是观念:很明显,关键是美的艺术的秘密。这样,在黑格尔看来,艺术的秘密从本质上讲,是属于最终消除所有特殊性的宗教,表达所有内容的普遍性的宗教,无论这是什么样的内容。就这样,归根结底,作为美的艺术的艺术,就是哲学要在观念的普遍性中实现的东西。二者针对的都是"真理"。我们在黑格尔《哲学全书》中读到这样的话:"关于艺术和宗教之间的紧密关系,我们应该更清楚地注意到,美的艺术只能在宗教中获得位置,而宗教的原则就是具体的、在自身中是自由,但还尚未成为绝对的精神性……这和一个的说法相关:艺术的出现指明了始终与情感外在性紧密相关的宗教之衰落……艺术家的天赋和戏剧演员的天赋,在艺术作品能够表达出来的神性升华之中获得安宁和自由。自由心灵的直观和意识得到保证并且被触及。美的艺术就其内涵而言,已经实现了和哲学同样的东西:艺术把心灵从一切不是自由的东西中解脱出来,在这个过程中纯化心灵。"黑格尔说,无疑,真正的对象性,除了思想,不拥有其它领域。但是,这是否是一种对艺术和谐的一种限制?谢林前进直至实证性的一步,超过了思想着的心灵的绝对性。

至于德里达的发言,直接参考了康德。作者明显根据的是康德有关宗教著作中"附释"中的思想。宗教的启示就这样被确立在我们的意识之外,但它与以康德实践哲学为基础的自由观念不无联系。德里达依靠的第二个注释重复了他和 Khôra 玩的心灵游戏。在这样的语境中,我冒着被指责为形而上学的危险,能够走出理解的第一步:Khôra 作为这样一种空间和位置的给予,绝对不规定占据者的任何东西。因此,它可以毫无困难地应用于新柏拉图主义的"一"和"神"的概念。不过,我们可能因此按《蒂迈欧》所使用的方法去理解 Khôra,那是表达一种完全未被规定物,表达认识的存在和感觉的存在关系的特点。归根结底,这种关系本身是不可规定的,但这并不妨碍我们应绝对预设这种关系。用数字进行的计算和欧几里德几何一样,都是我们能够把握的真理。再者,我们不能理解,何以有一个真实的世界,一个与其本相材料相应的世界秩序。Khôra 的概念因此继承了毕达哥拉斯的遗产。在柏拉图时代,这个概念反映了数学的发达,数学的发展促使柏拉图有关"安排好了的物"(corps reguliers)的学说的产生。然而,柏拉图只限于在这个语境中讲述一个漫长的故事,即建立了世界秩序的神造物主的故事。尽管不可否认,这个故事对地球上发生的事情的叙述中存在着混乱,但造物主还是继续不断地安排着。在此,可以回忆一下元素结构,准确地说,最近的人文科学,三角和多面几何学,我们可以说在其中认识了存在近乎完美的领域。充满智慧的游戏,但却仅此而已。

除去和奥秘玩游戏的快乐之外,柏拉图自己从来没有明确对个别和普遍的关系说过什么。分有(著名的 méthèxis),从未停止过意指观念之间相互的分有,并且构建了逻各斯。个别对普遍的分有明显地被设想为理所当然。所以,在柏拉图那里,比如在《斐多》中,人们绝对找不到对这种分有的任何明确规定。只有亚里士多德用第一实体和第二实体把这里提出的自然明证性——它处于人们能够把握的东西之外——提高到观念水平。在经院哲学时代,出现了关于共相的争论,在这场争论中,唯名论提出了知识的概念,这个现代的概念。

概言之,对话双方显然都同意这样的观点:形而上学和神学都不能够对"为什么有某种东西,而不是一无所有?"这个问题提供答案。但是,现在其他与会者要发言,我要洗耳恭听,并且开始新的思考。

皮埃尔·弗鲁松译自德文

图书在版编目(CIP)数据

宗教／(法)雅克·德里达,(意)基阿尼·瓦蒂莫主编；杜小真译.—北京：商务印书馆,2019
(当代法国思想文化译丛)
ISBN 978-7-100-16419-1

Ⅰ.①宗… Ⅱ.①雅…②基…③杜… Ⅲ.①宗教—文集 Ⅳ.①B9-53

中国版本图书馆 CIP 数据核字(2018)第 166444 号

权利保留,侵权必究。

当代法国思想文化译丛

宗 教

〔法〕雅克·德里达
〔意〕基阿尼·瓦蒂莫 主编

杜小真 译

商 务 印 书 馆 出 版
(北京王府井大街36号 邮政编码100710)
商 务 印 书 馆 发 行
北 京 冠 中 印 刷 厂 印 刷
ISBN 978-7-100-16419-1

2019年1月第1版　开本 880×1230　1/32
2019年1月北京第1次印刷　印张 7¾

定价:28.00元